CUBE BOOK

DIE WUNDER ITALIENS

WHITE STAR VERLAG

Text
GABRIELE ATRIPALDI

Redaktionelle Leitung
LAURA ACCOMAZZO
VALENTINA GIAMMARINARO

Herstellerische Koordination
CLARA ZANOTTI

Layout
MARIA CUCCHI

Übersetzung
SYLVIA WINNEWISSER

Produktion und Redaktion Deutschland
SAW COMMUNICATIONS, REDAKTIONSBÜRO DR. SABINE A. WERNER MAINZ:
MARC NIEMEYER, SABINE A. WERNER

VIA CANDIDO SASSONE, 24
13100 VERCELLI – ITALIEN
WWW.WHITESTAR.IT

Dichter Nebel umhüllt die Hügel rund um Siena.

ISBN 978-3-86726-147-0
1 2 3 4 5 6 14 13 12 11 10
Gedruckt in Indonesien

INHALT

DIE WUNDER ITALIENS

1 • Die Piazza del Duomo in Pisa ist weltberühmt für ihre Kathedrale, das Baptisterium sowie den bei Touristen besonders beliebten schiefen Turm.

2-3 • Der Spiaggia dei Conigli (Kaninchenstrand) auf der Insel Lampedusa besticht durch sein tiefblaues Wasser.

4-5 • Majestätisch erheben sich über dem Aostatal in den Grajischen Alpen die Gipfel der Grande Jorasses.

6-7 • Die Kirche Santa Maria della Salute ist eines der schönsten Beispiele für barocke Architektur in Venedig.

8-9 • Die römischen Kaiserforen umfassen eine Reihe von monumentalen Plätzen, die über längere Zeit im Herzen der Stadt gebaut wurden.

EINLEITUNG	Seite 20
STÄDTE VOLLER SCHÖNHEIT	Seite 36
TRAUMHAFTE KÜSTEN	Seite 162
IMPOSANTE BERGE	Seite 224
ROMANTISCHE DÖRFER	Seite 280
FLÜSSE UND SEEN	Seite 352
SANFTE HÜGEL	Seite 398
SCHÄTZE DER VERGANGENHEIT	Seite 440
REGISTER	Seite 496

13 • Der imposante Ätna ist eines der unzähligen Naturwunder Siziliens.

14-15 • Auf einer Anhöhe über der Stadt Ton im Nonstal liegt das Castel Thun.

16-17 • Florenz ist zweifellos noch immer eine der bekanntesten und beliebtesten Sehenswürdigkeiten Italiens.

18-19 • Die Vulkaninsel Capraia zeichnet sich durch steile und felsige Küsten aus.

Einleitung

ITALIEN IST EIN LAND VOLLER LANDSCHAFTLICH SCHÖNER, ARCHÄOLOGISCH UND KÜNSTLERISCH WERTVOLLER SCHÄTZE. ES IST REICH AN TRADITION UND FOLKLORE UND DIE STOLZE HEIMAT VIELER DICHTER UND DENKER. ANGEFANGEN BEI LEONARDO DA VINCI ÜBER GUGLIELMO MARCONI, ALLESANDRO VOLTA, BIS ZU ENRICO FERMI UND ANTONIO MEUCCI UND UNZÄHLIGEN ANDEREN, DIE MIT IHREM AUSSERGEWÖHNLICHEN TALENT VIEL ZUR KUNST UND WISSENSCHAFT BEIGETRAGEN HABEN. ABER NICHT NUR IN DEN HOHEN KÜNSTEN, AUCH IN DER WELT DER MODE, DES DESIGNS UND DES SCHMUCKS IST DAS LABEL „MADE IN ITALY“ HEUTE EIN SYNONYM FÜR UNÜBERTROFFENEN STIL UND GUTEN GESCHMACK. ITALIEN IST EINFACH EIN NÄHRBODEN FÜR KREATIVITÄT. DAS KINO HAT, DANK REGISSEUREN WIE FEDERICO

- Der Dom von Orvieto ist eines der Meisterwerke gotischer Architektur in Zentralitalien.

Einleitung

FELLINI UND FRANCO ZEFFIRELLI, PRODUZENTEN WIE DINO DE LAURENTIIS UND SCHAUSPIELERN WIE SOPHIA LOREN, GINA LOLLOBRIGIDA, ANNA MAGNANI UND OSKAR-PREISTRÄGER ROBERTO BENIGNI INTERNATIONALE BERÜHMTHEIT ERLANGT. DIESE KREATIVEN ERFOLGE WERDEN PASSEND DAZU DURCH SEINE KÖSTLICHEN UND ABWECHSLUNGSREICHEN SPEISEN UND GETRÄNKE UND DIE GASTFREUNDSCHAFT DER MENSCHEN UNTERSTRICHEN. DAS PHANTASIEVOLLE, VOM MITTELMEER INSPIRIERTE ESSEN DER ITALIENISCHEN HALBINSEL, MIT SEINER REGIONALEN VIELFALT UND DEN KULINARISCHEN UNTERSCHIEDEN ZWISCHEN NORDEN UND SÜDEN SCHAFFT ES BEI SEINEN BEWOHNERN UND BESUCHERN ÄHNLICHE EMOTIONEN HERAUFZUBESCHWÖREN WIE DER LIEBLINGSSPORT ITALIENS, DER FUSSBALL.

Einleitung

OBWOHL DIE EXISTENZ EINER VIELZAHL VON PROBLEMEN UND GEGENSÄTZEN NICHT GELEUGNET WERDEN KANN, LIEGT DAS HAUPTAUGENMERK ITALIENS HEUTE DARAUF, DEN GROSSEN REICHTUM DER HALBINSEL AN SCHÖNHEIT, KULTUR, GESCHMACK UND FREUNDLICHKEIT SO VIELEN MENSCHEN WIE MÖGLICH NAHEZUBRINGEN.

BEREIST MAN DIESES BESONDERE, STIEFEL-FÖRMIGE LAND IM ZENTRUM DES MITTELMEERBECKENS, DAS DIE KONTINENTE EUROPA, AFRIKA UND ASIEN VON EINANDER TRENNT, SO KANN MAN SICH SEINEN FASZINIERENDEN ERSCHEINUNGEN NUR SEHR SCHWER ENTZIEHEN: VON DEN ALPEN IM NORDEN, DEM GEBIRGE, DAS MAJESTÄTISCH WEIT IM NORDEN THRONT UND DIE HALBINSEL VOM ÜBRIGEN EUROPA TRENNT, REICHEN SIE BIS ZUM PITTORESKEN APENNIN, DEM GEBIRGSZUG UND RÜCKEN ITALIENS, DER SICH

Einleitung

ÜBER MEHR ALS TAUSEND KILOMETER GEN SÜDEN ERSTRECKT UND DIE KLIMATISCHEN BEDINGUNGEN DER LANDSCHAFT BEEINFLUSST, DEN GANZEN WEG BIS ZU DEN ZITRUSFELDERN UND DEM LICHT DES UNRUHIGEN, ABER UNBEIRRBAREN SÜDENS. BESONDERS REIZEND SIND DIE VIELEN BEZAUBERNDEN SEEN, DIE VOR ALLEM IM NORDEN ODER IN DER MITTE DES LANDES ZU FINDEN SIND. DIE VON SAND UND FASZINIERENDEN FELSEN BEDECKTEN KÜSTEN SIND WELTBERÜHMT, UND AUF DEN INSELN IM GLITZERNDEN MITTELMEER FINDEN SICH KLEINE FISCHERDÖRFER NEBEN ORTEN MIT PULSIERENDEM NACHTLEBEN.

HÜBSCHE ÖRTCHEN, DÖRFER UND STÄDTE, IN DENEN TAUSENDE JAHRE ALTE GESCHICHTE ENTSCHLOSSEN IN DIE ZUKUNFT SIEHT, ZÄHLEN ZU DEN BESONDEREN JUWELEN ITALIENS. IM NORDEN LIEGT DAS QUIRLIGE MAILAND, DAS DURCH UND DURCH DEN

Einleitung

CHARME UND DIE VORZÜGE EINER EUROPÄISCHEN METROPOLE BESITZT. AN DER KÜSTE DER ADRIA FINDET MAN VENEDIG UND SEINE ROMANTISCHEN LAGUNEN. IN DER TOSKANA IST FLORENZ BEHEIMATET, DIE STADT VON DANTE ALIGHIERI, FILIPPO BRUNELLESCHI, BENVENUTO CELLINI UND SANDRO BOTTICELLI. IN DER MITTE LIEGT ROM, VON DEN RÖMERN „CAPUT MUNDI" (HAUPTSTADT DER WELT) GENANNT. WEITER IM SÜDEN SCHLIESSLICH LIEGEN NEAPEL UND DER VESUV, GEBURTSORT DER PIZZA UND STANDORT DES ÜBERWÄLTIGENDEN PALAZZO REALE. UNSER SCHWEIFZUG ENDET IN PALERMO, WO DURCH DIE BESETZUNG VON RÖMERN, BYZANTINERN, ARABERN UND NORMANNEN VIELFÄLTIGE ARCHITEKTONISCHEN SPUREN ZURÜCKGELASSEN WURDEN.

DIESER BAND ZEIGT FOTOS EINES LANDES VOLLER BEMERKENSWERTER UND ABWECHSLUNGSREICHER NATUR. SIE LIEFERN DEM

Einleitung

LESER DIE GELEGENHEIT DIE SCHÄTZE ITALIENS IN RUHE ZU BESTAUNEN UND BELLA ITALIA MIT ALL SEINEN UNVERGLEICHLICHEN SEHENSWÜRDIGKEITEN ZU ENTDECKEN.

7 • Umgeben vom Wasser des Ortasees liegt die wunderschöne, paradiesische Insel San Giulio.

28-29 • Die imposante Villa Pisani in Stra ist von einem traumhaft schönen barocken Park umgeben.

30-31 • Das kleine bezaubernde Küstenstädtchen Portofino in Ligurien ist ein beliebter Urlaubsort von wohlhabenden Touristen aus aller Welt.

32-33 • Typisch für die Landschaft der Dolomiten ist der Piz Boè in der Sellagruppe, hier vom Sass Pordoi aus gesehen.

34–35 • Die traumhafte Insel Capri begeistert jährlich tausende Touristen durch das wundervolle Zusammenspiel von Felsen und glitzerndem Wasser.

STÄDTE voller SCHÖNHEIT

• Rom ist das historische, künstlerische, politische und kulturelle Zentrum Italiens. Diese Stadt muss man unbedingt gesehen haben, wenn man in Italien ist. Das Bild zeigt Piazza Navona.

EINLEITUNG Städte voller Schönheit

DIE GROSSEN UND KLEINEREN STÄDTE MACHEN EINEN WICHTIGEN BESTANDTEIL DER ITALIENISCHEN KULTUR AUS. MAN FINDET IN IHNEN ZAHLREICHE HISTORISCHE PLÄTZE, AUF DENEN SICH WICHTIGE BEGEBENHEITEN DER GESCHICHTE EREIGNET HABEN, ETWA DIE PIAZZA DELL'UNITÀ D'ITALIA IN DER NORDITALIENISCHEN STADT TRIEST, AUF DER NACH DEM ERSTEN WELTKRIEG DIE ERSTEN ITALIENISCHEN SOLDATEN UNTER DEM JUBEL DER BEVÖLKERUNG EMPFANGEN WURDEN.

ES GIBT AUSSERDEM PRACHTVOLLE KIRCHEN ZU ENTDECKEN, DIE VIELE WICHTIGE KUNSTWERKE ITALIENS BEHEIMATEN. SO ZUM BEISPIEL DIE GLANZVOLLE KIRCHE SANTA MARIA DELLE GRAZIE, DIE LEONARDO DA VINCIS „DAS LETZTE ABENDMAHL" BEHERBERGT. VIELE DER CAFÉS, IN DENEN SICH FRÜHER DICHTER, SCHRIFT-

• Ragusa auf Sizilien bietet mit seinen zahlreichen barocken Bauwerken einen guten Überblick über diese wunderbare Epoche.

EINLEITUNG Städte voller Schönheit

STELLER UND KÜNSTLER GETROFFEN HABEN, EXISTIEREN AUCH HEUTE NOCH UND LADEN ZUM VERWEILEN EIN. DIE GROSSEN BIBLIOTHEKEN, WIE DIE NATIONALBIBLIOTHEK VON BRAIDENSE ODER DIE BIBLIOTHEK DER PINAKOTHEK DER AMBROSIANISCHEN MUSEEN IN MAILAND, SIND DIE IDEALEN ORTE UM IN DEN SCHÄTZEN DER NATIONALLITERATUR ITALIENS ZU SCHMÖKERN.

IN DEN SCHAUFENSTERN EXQUISITER MODEBOUTIQUEN ENTLANG DER VIA CONDOTTI IN ROM ODER DER VIA MONTENAPOLEONE IN MAILAND KANN MAN NACH HERZENSLUST STILVOLLE ITALIENISCHE SCHUHE, TASCHEN UND KLEIDER BEWUNDERN. DEN HUNGER NACH BERÜHMTEN ITALIENISCHEN SPEZIALITÄTEN STILLT MAN AM BESTEN IN EINEM DER VIELEN RESTAURANTS, DIE IHRE GÄSTE MIT HIMMLISCHEN GERICHTEN VERWÖHNEN. AUCH EIN BESUCH DER THEATER, DIE STÜCKE VON DER KLASSIK BIS ZU AVANTGARDE IM

EINLEITUNG Städte voller Schönheit

REPERTOIRE HABEN, BIETET SICH BEI EINEM BESUCH DER STÄDTE AN. ITALIEN IST GLEICHERMASSEN FÜR SEINE RENOMMIERTEN OPERNHÄUSER BEKANNT: DAS SAN CARLO IN NEAPEL, DAS WIEDERERÖFFNETE PETRUZZELLI IN BARI, DIE SCALA IN MAILAND UND VIELE ANDERE SIND DIE HEILIGEN STÄTTEN, IN DENEN DIE MUSIK VON VERDI, ROSSINI, DONIZETTI, MASCAGNI UND PUCCINI VON GROSSEN ORCHESTERN UND UNVERGESSLICHEN STIMMEN WIE DER VON RENATA TABALDI, GIUSEPPE DI STEFANO, CARUSO, BENJAMIN GIGLI, PAVAROTTI UND BOCELLI VORGETRAGEN WURDE.

AUF DER GESAMTEN HALBINSEL FINDEN SICH STÄDTE, DIE MIT IHREM JEWEILS EIGENEN CHARME ZU BESTECHEN WISSEN. ANGEFANGEN BEIM ARISTOKRATISCHEN MANTUA, EINER SEHR SCHÖNE RENAISSANCESTADT VOLLER HISTORISCHER PLÄTZE, TÜRME UND GEBÄUDE, GEFOLGT VON CREMONA, DER DOMSTADT,

Städte voller Schönheit

Einleitung

DIE NEBEN TORRAZZO LIEGT, WO DER GEIGENBAUER STRADIVARI DIE HEUTE WERTVOLLSTEN VIOLINEN DER WELT SCHUF, DANN PARMA, GASTRONOMISCHES PARADIES UND GLEICHZEITIG HEIMAT AUSSERGEWÖHNLICHER KUNSTWERKE, UND SCHLIESSLICH PISA, DESSEN PIAZZA DEI MIRACOLI BERÜHMT IST FÜR SEINEN CAMPANILE, DEN SCHIEFEN TURM, DER ZU EINEM WELTWEIT BEKANNTEN WAHRZEICHEN GEWORDEN IST. ORVIETO HAT EINEN DER SPEKTAKULÄRSTEN DOMBAUTEN ITALIENS, IN POZZUOLI GIBT ES ZWEI RÖMISCHE AMPHITHEATER, DAS ZENTRUM VON MATERA IST BERÜHMT FÜR SEINE „SASSI“, DIE HÖHLENSIEDLUNGEN. UND DANN IST DA NOCH TAORMINA, DAS DURCH SEIN GRIECHISCHES THEATER EINEN GANZ BESONDEREN REIZ HAT.

- Die Viktor-Emanuel-Galerie, eine überdachte Einkaufstraße aus dem 19. Jh., lädt zu einem Einkaufsbummel in das lebendige Mailand ein.

LICEO
ENRICO
FERMI
SCUOLA INTERPRETI
T. Bellini
London House
T. Bellini
Il Salotto

44 • Inmitten der Piazza San Carlo, einer von Turins Hauptplätzen, steht die Reiterstatue des siegreichen Emanuel Philiberts.

45 • Die 167,5 Meter hohe Mole Antonelliana bietet als Wahrzeichen Turins von ihrer Spitze eine wunderbare Sicht auf die Stadt.

46 • Das Schloss von Stupinigi ist inmitten eines wunderschönen Parks gelegen und beherbergt heute das Museum für Kunst und Einrichtung

47 • In der Krypta der Basilika von Superga befinden sich die königlichen Gruften des Hauses Savoyen.

48 • Die Basilika Sant'Andrea in Vercelli ist für die elegante farbliche Gestaltung ihrer Fassade bekannt.

49 • Die Statue des Grafen Cavour in der Mitte der gleichnamigen Piazza in Vercelli vor dem Hintergrund des Torre dell'Angelo.

Alessandrias Zitadelle aus dem 18. Jh. ist mit ihrer ungewöhnlichen Sternform äußerst sehenswert und architektonisch höchst interessant.

52 • Im Herzen von Novara auf der Piazza Martiri della Libertà befinden sich das Castello Sforzesco, der Palazzo del Mercato und das Coccia Theater.

53 • Die Basilika San Gaudenzio sticht bei einem Blick über die Dächer von Novara mit ihrer Kuppel und dem Glockenturm aus dem Stadtbild hervor.

54-55 • Der Comer See bietet mit dem Voltiano Tempel und der Villa Olmo Anziehungspunkte für den interessierten Besucher.

56 • Der Stadtteil Lungo Lario Trento der Stadt Como, gelegen am gleichnamigen See an der Grenze zur Schweiz.

57 • Der imposante Comer Dom bezeugt den Reichtum der Stadt in Kunst, Kultur und Architektur.

58-59 ● In Pavia verbindet die malerische Brücke Ponte Vecchio den Stadtteil Borgo Ticini mit der durch den Fluss Ticino getrennten Innenstadt.

59 ● Die Universität von Pavia wurde 825 v. Chr. von Kaiser Lotharius gegründet und ist seit dem Mittelalter für ihre ausgezeichnete juristische Fakultät bekannt.

Das Kloster Certosa di Pavia wurde Ende des 14. Jhs. auf Wunsch des Grafen Gian Galeazzo Visconti erbaut.

62 • Der Mailänder Dom ist ein herausragendes Beispiel der gotischen Baukunst in Italien.

62-63 • Inmitten der Piazza del Duomo in Mailand steht die Statue des italienischen Königs Viktor Emanuel II.

MARIAE
NASCENTI

Der wunderschöne Blick auf das Castello Sforzesco in Mailand, das im Lauf der Jahrhunderte mehrmals zerstört aber immer wieder aufgebaut wurde.

66-67 • Der Naviglio Grande ist ein Glanzstück mittelalterlicher Ingenieurskunst. Ursprünglich war er als Bewässerungskanal und für den Warentransport gedacht.

68-69 • Unter dem Einfluss der Fürstenfamilie Gonzaga war Mantua in der Renaissance ein weltberühmtes Kunstzentrum.

PORTA VERONESE

70-71 • Vor dem Hintergrund des Palazzo Pretorio auf der Piazza del Duomo ist der berühmte Neptunbrunnen mit seiner Skulpturengruppe zu sehen.

71 • Der Adler der Fontana dell'Aquila in der Provinzhauptstadt Trient ist ein bei Touristen beliebtes Fotomotiv.

72 • Die Arena von Verona und das Haus der Julia sind die bekanntesten Wahrzeichen der Stadt im Veneto.

72-73 • Veronas Innenstadt, die jährlich zahlreiche Touristen anzieht, wurde zum UNESCO-Welterbe erklärt.

74-75 • Die großartige Basilika Sant'Antonio in Padua ist das bedeutendste sakrale Bauwerk der Stadt.

75 • Der riesige Prato della Valle in Padua ist einer der größten Plätze Europas. Die ellipsenförmige Insel im Zentrum des Platzes ist von zwei Reihen von Statuen umgeben, die durch einen schmalen Wasserkanal getrennt sind.

Seine außergewöhnliche geografische Lage macht La Serenissima (die Glanzvollste), wie Venedig auch genannt wird, zu einem Ort von unübertroffener Schönheit.

78 • Der Markusplatz in Venedig ist eine weltbekannte Piazza und belebter Treffpunkt von Touristen und Bewohnern der Stadt.

79 • Im majestätischen Markusdom wird eine Vielzahl von Kunstwerken unterschiedlicher Herkunft aufbewahrt, die im Zuge der venezianischen Seeherrschaft über die Jahrhunderte zusammengetragen wurden.

80 • Die Rialtobrücke, die über über den Canal Grande führt, ist eine der vielen pittoresken Brücken Venedigs.

81 • Auch heute noch sind die typischen Anlegeplätze in den venezianischen Kanälen in Gebrauch.

Das Castel Miramare ist die Krönung der Uferpromenade Triests. Es ist von einem herrlichen Park umgeben und beherbergt ein Museum für Geschichte.

LLOYD TRIESTINO

84-85 • Im österreichisch-ungarischen Palazzo Gopcevich in Triest ist heute das bedeutende Carlo Schmidl Theatermuseum untergebracht.

85 • Unter den fünf eindrucksvollen Kuppeln der Kirche San Spiridione hält die serbisch-orthodoxe Gemeinde von Triest ihre Gottesdienste ab.

San Remo, die „Stadt der Blumen", ist berühmt für sein Casino und das italienische Songfestival. Das milde Klima macht die Stadt das ganze Jahr über zu einem beliebten Urlaubsziel.

88 • Die ehemalige Privatresidenz von Prinz Andrea Doria in Genua aus dem 16. Jh. ist von einem wunderschönen Garten im italienischen Stil umgeben.

88-89 • Genuas Palazzo Reale ist eines der historischen Bauwerke der Stadt, die kürzlich zum UNESCO-Weltkulturerbe erklärt wurden.

90-91 und 91 • Genua ist eine Stadt zwischen Vergangenheit und Moderne: links das Aquarium, rechts La Lanterna, der historische Leuchtturm und Wahrzeichen der Stadt.

92-93 • Die ehemalige Piazza Grande in Piacenza wird heute aufgrund der Pferdestatuen vor dem Rathaus Piazza dei Cavalli (Platz der Pferde) genannt.

ANCA DI ROMA

94 • Im Zentrum von Reggio Emilia befinden sich das Volkstheater, der Dom und die Basiliken Beata Vergine della Ghiara und San Prospero.

94-95 • Modena ist eine Stadt voller Schätze: der Torre Civica, die Kathedrale und die Piazza Grande gehören alle zum UNESCO-Weltkulturerbe.

96 • Die Stadt Bologna mit ihren berühmten mittelalterlichen Türmen Asinelli und Garisenda.

96-97 • An der Piazza Maggiore, dem Herzen von Bologna, befinden sich viele historische Gebäude, wie der Palazzo dei Notai und der Palazzo D'Accursio.

In Ferrara gehört ein Besuch des im 14. Jh. erbauten Castello Estense, in dem heute die Provinzverwaltung ihren Sitz hat, unbedingt dazu.

Die mittelalterliche Piazza del Duomo mit dem Bischofspalast, dem Baptisterium und dem eindrucksvollen Dom, ist Parmas ganzer Stolz.

102-103 • Luccas wundervolle Piazza dell'Anfiteatro hat eine elliptische Form, da sie auf den Resten eines römischen Amphitheaters erbaut wurde.

103 • Die im Jahre 1863 errichtete Statue von Francesco Burlamacchi steht im Zentrum von Luccas Piazza San Michele.

Die Piazza dei Miracoli in Pisa besticht durch ihre außergewöhnlichen historischen Bauwerke und ihren unwiderstehlichen Charme, der Touristen das ganze Jahr über anzieht.

106-107 • Die von Brunelleschi gestaltete Kuppel ist die Sehenswürdigkeit der Florentinischen Kathedrale Santa Maria del Fiore.

108-109 • Eine pittoreske Aufnahme des Ponte Vecchio der bekannten Florentiner Brücke über den Arno, in deren Umgebung sich eine Vielzahl von Goldschmiedewerkstätten befinden.

110 • Vor dem imposanten Palazzo Vecchio steht die Statue des David von Michelangelo und beherrscht die Piazza della Signoria.

111 • In der Innenstadt von Florenz sind deutlich die Piazza della Signoria und Giorgio Vasaris Uffizien zu erkennen.

Sienas imposante Kathedrale Santa Maria Assunta ist für ihren beeindruckenden Marmorfußboden bekannt und immer einen Besuch wert.

114-115 • Urbino, ein liebenswertes Städtchen inmitten grüner Hügel, ist unter anderem die Geburtsstadt des berühmten Renaissancemalers Raphael.

116-117 • In Perugia, der Hauptstadt der Region Umbrien, findet man künstlerische, architektonische und archäologische Kostbarkeiten.

118 und 119 • Assisi ist der Geburtsort von Saint Clare, Gründerin des Klosterordens der Armen Frauen, und des Heiligen Franz, Schutzpatron Italiens.

120-121 • Orvieto in Umbrien wurde auf einem riesigen, die ihn umgebende Landschaft bestimmenden Felsen aus Tuffgestein mitten auf dem Land erbaut.

● Der Trevi-Brunnen aus dem 18. Jh. ist der Schauplatz einer berühmten Szene aus Federico Fellinis Film *La Dolce Vita*.

124-125 • Das Kapitol in Rom ist heute der Sitz des Rathauses. In der Mitte des Platzes steht eine Reiterstatue von Marc Aurel.

125 • Die Säule, die dem römischen Kaiser Marc Aurel gewidmet ist, befindet sich vor der Gallerie Alberto Sordi im ehemaligen Palazzo della Galleria Colonna.

Die Engelsburg am Ufer des Tiber ist das Mausoleum des römischen Kaisers Hadrian.

Die Luftaufnahme zeigt die Piazza Venezia und das Vittoriano, ein Monument für Viktor Emanuel II. von Savoyen, den ersten König Italiens.

Der Petersplatz ist das Herz des Vatikans, auf dem der Papst jeden Sonntag seine Anhänger empfängt.

IN ONOREM PRINCIPIS APOST PAVLVS V BVRGHESIVS ROMANVS ONT MAX AN MD XII PONT VI

132-133 • Der Petersdom, erbaut über dem Grab des Petrus, ist das architektonische und geistliche Zentrum der katholischen Kirche.

133 • Aus der Menge außergewöhnlicher Kunstwerke im Inneren des Petersdoms sticht besonders Berninis berühmter Baldachin aus dem 17. Jh. hervor.

Der stimmungsvolle Sonnenuntergang über Rom. Der Tiber fließt ruhig dahin und die Kuppel des Petersdoms wacht über der Stadt.

136 • Die Piazza del Plebiscito ist der Hauptplatz in Neapel. Auf ihm findet sich, neben vielen anderen berühmten Bauwerken, die Kirche San Francesco di Paola.

136-137 • Mergellina, ein ehemaliges Fischerdörfchen, ist heute ein belebtes Viertel Neapels.

Die Einkaufspassage Galleria Umberto I. wurde gegen Ende des 19. Jhs. erbaut und ist eine der vielen Sehenswürdigkeiten Neapels.

Eines der wichtigsten historischen Gebäude Neapels ist das Castel dell'Ovo, das auf einer kleinen Insel aus Tuffgestein erbaut wurde.

142-143 • Luftaufnahme des Königspalastes von Caserta, Residenz der Bourbonen, die zum UNESCO-Weltkulturerbe erklärt wurde.

143 • Ein wundervoller Park umgibt den imposanten Palast von Caserta

144-145 • Die sehenswerte Höhlensiedlung Sassi die Matera ist in der ganzen Welt berühmt und wurde 1993 zum UNESCO-Weltkulturerbe erklärt.

146 • Das Petruzzelli Theater in Bari wurde nach dem Brand von 1991 sorgfältig und detailgetreu in seiner ursprünglichen Form wieder aufgebaut.

147 • Im Zentrum der Stadt befindet sich die romanische Kirche von St. Nicholas, dem Schutzheiligen von Bari.

148 • Tarent besitzt den zweitgrößten Hafen Italiens und liegt malerisch am blauen Meer.

148-149 • Die Basilika von Santa Croce in Lecce ist eine der bedeutendsten und sehenswertesten Bauwerke der apulischen Stadt.

• Das Stadtzentrum Gallipolis in der Provinz Lecce am Ionischen Meer liegt auf einer Insel, die mit dem Festland durch eine Brücke aus dem 18. Jh. verbunden ist.

Otranto, wunderschön am Meer gelegen, ist Italiens östlichste Stadt.

● Ein malerischer Blick auf das Touristenparadies Taormina vom griechischen Theater aus.

• Catania ist in Bezug auf ihre Lage, ihre Architektur und ihre Kunstwerke eine sehr vielfältige Stadt, die bei Touristen sehr beliebt ist.

Die Kathedrale von Palermo ist das Ergebnis einer erstaunlichen Verbindung verschiedener architektonischer Stile.

160 • Die Kathedrale Santa Maria di Castello in Cagliari auf Sardinien ist das gelungene Resultat einer harmonischen Mischung verschiedener architektonischer Stile.

160-161 • Cagliari, die Hauptstadt Sardiniens mit Blick auf das Meer, ist in 33 Bezirke unterteilt.

TRÄUMHAFTE KÜSTEN

Meeresarme und spektakuläre Küsten kennzeichnen Lampedusa, die größte der Pelagischen Inseln.

EINLEITUNG Traumhafte Küsten

DIE ITALIENISCHEN STRÄNDE SIND SO UNTERSCHIEDLICH WIE ATEMBERAUBEND: FELSIG UND MIT STEILEN KLIPPEN, AN DENEN SICH WELLEN BRECHEN, FLACHE KÜSTEN MIT KLAREM, AQUAMARINBLAUEM, RUHIGEM WASSER, DAS SANFT DEN SAND DER STRÄNDE UMSCHMEICHELT.

DIE LIGURISCHE RIVIERA, BELIEBTES AUSFLUGSGEBIET FÜR WEITE TEILE DES NORDENS ITALIENS, WIRD DURCH GENUA IN ZWEI ABSCHNITTE GETEILT. BESONDERS BELIEBT IST DIE RIVIERA DI LEVANTE. DIESE ZIEHT SICH FELSIG UND VOLLER HERRLICHER KLIPPEN, DIE INS MEER HINAUSRAGEN, BIS ZUR TOSKANISCHEN GRENZE. SIE SCHLIESST DEN GOLF VON TIGULLIO EIN, EIN JUWEL VON

● Das malerische Städtchen San Rocco liegt am Golf von Tigullien.

EINLEITUNG Traumhafte Küsten

HERAUSRAGENDER SCHÖNHEIT, DIE BAIA DELLE FAVOLE (BUCHT DER MÄRCHEN) UND DIE BAIA DEL SILENZIO (BUCHT DER STILLE), DIE CINQUE TERRE, UND DEN GOLF VON LA SPEZIA, DER AUCH ALS DER GOLF DER DICHTER BEKANNT IST.

DIE KÜSTE BEI LATIUM MIT SEINEM WEITEN GOLF VON GAETA UND DEN PONTINISCHEN INSELN, SIND VOLL-GEPACKT MIT LUXURIÖSEN YACHTEN DES INTERNATIONALEN JETSET. SÜDLICH SCHLIESST SICH DIE KÜSTE KAMPANIENS MIT DEN IM GOLF VON NEAPEL LIEGENDEN HERRLICHEN INSELN PROCIDA, ISCHIA UND CAPRI AN, DIE WELTBERÜHMT FÜR IHRE FELSEN IM MEER SIND. AUSSERDEM DIE KÜSTE KALABRIENS, DIE, ZUERST UNREGELMÄSSIG, DANN GERADLINIG, ABER IMMER ENT-

EINLEITUNG Traumhafte Küsten

LANG EINES AZURBLAUEN MEERES, VON FAST UNWIRKLICHER SCHÖNHEIT IST. AN DER IONISCHEN RIVIERA LIEGEN DER GOLF VON SQUILLACE, SOWIE DER GOLF VON TARENT, IN DESSEN MITTE DIE ENTZÜCKENDEN INSELN DES CHERADI-ARCHIPEL IN DER SONNE GLITZERN. HINTER OTRANTO AUF DEM WEG NACH RAVENNA WERDEN DIE KÜSTENABSCHNITTE FLACH, SANDIG UND GLEICHFÖRMIG, DAVON AUSGENOMMEN SIND DIE VORGEBIRGE VON GARGANO, ENTLANG DERER SICH DAS ZERKLÜFTETE APULIEN BIS ZUR ADRIA ERSTRECKT. AN DER KÜSTE DER EMILIA-ROMAGNA FINDET MAN ZAHLREICHE GUT BESUCHTE BADEORTE.

DIE BEIDEN GRÖSSTEN ITALIENISCHEN INSELN, SIZILIEN UND SARDINIEN, SIND TOURISTENPARADIESE: SIZILIEN IST

Traumhafte Küsten

Einleitung

NICHT NUR FÜR SEINE KULTUR BEKANNT, SONDERN AUCH FÜR SEINE SCHÖNEN BADEINSELN LAMPEDUSA, PANTELLERIA, USTICA UND DEN ÄGIDISCHEN SOWIE ÄOLISCHEN INSELN. SARDINIEN, DAS LAND DES SMARAGDFARBENEN MEERES UND DES BLENDEND WEISSEN SANDES, BESITZT KÜSTENREGIONEN, AN DENEN SICH EXKLUSIVE URLAUBSORTE ANEINANDERREIHEN UND DIE VOR ALLEM IM SOMMER FÜR IHR VERLOCKENDES NACHTLEBEN BERÜHMT SIND.

169 • Das Capo Bianco ragt von der Insel Ponza in das Meer hinaus.

170-171 • Entlang der Ligurischen Küste bei Cinque Terre sorgt ein Wasser- und Naturschutzgebiet für die Erhaltung der überaus artenreichen Flora und Fauna.

172 • Die bunten, dicht an dicht auf den steilen Felsen der Küste erbauten Häuser machen Manarola zu einem der entzückendsten Orte ganz Italiens.

172-173 • Viele der steilen Hänge, die um das Städtchen Manarola zu finden sind, wurden für den landwirtschaftlichen Gebrauch angelegt.

Varigotti in Ligurien ist für seine langen Sandstrände bekannt, an denen sich zahlreiche Seebäder befinden.

176-177 • Die intensiven Farben der malerischen Cala Rossa auf der Insel Capraia bilden einen starken Kontrast zu den weißen Felsen des nahegelegenen Kaps von Zenobito.

177 • Eine Kolonie Seemöwen hat sich auf den Felsen von Capraia, der Perle des Toskanischen Archipels, niedergelassen.

• Capo Testa, eine Halbinsel im Norden Sardiniens, liegt nicht weit entfernt von Santa Teresa di Gallura und lockt durch ihr kristallklares Wasser Touristen aus allen Teilen der Welt an.

180-181 • Die Küste von Budelli, eine Hauptinsel der Inselgruppe La Maddalena vor Sardinien, ist sicherlich eine der schönsten des Mittelmeers.

181 • Ein leuchtendes Farbenspiel aus wildwachsenden Blumen ziert die Dünen zwischen Palau und Capo Testa.

182-183 • Kristallklares Wasser rollt in sanften Wellen gegen die Felsen einer paradiesischen Bucht auf der Insel Budelli.

184-185 • Cala Viola, einer der reizvollsten Strände im nordöstlichen Sardinien, liegt zwischen Capo dell'Argentiera und Capo Caccia.

186-187 • Capo Falcone am Golf von Asinara ist der nordwestlichste Punkt Sardiniens.

188 • Auf Ponza, der Königin der Pontinischen Inseln, trifft sich im Sommer der internationale Jetset. Das Foto zeigt die Cala Inferno.

188-189 • Bei Chiaia di Luna auf Ponza bietet sich ein charakteristischer Anblick auf die spektakuläre Küste der Insel.

190-191 und 191 • Die zerklüftete Küste von Amalfi ist atemberaubend schön und wurde 1997 zum UNESCO-Welterbe erklärt wurde.

192-193 • Der pittoreske Ort Ravello liegt etwa 300 Meter über dem Meer und bietet einen eindrucksvollen Blick auf die Amalfiküste.

• Das Castello Aragonese liegt auf einer kleinen Insel im Hafen des Städtchens Celsa auf Ischia und ist mit diesem durch eine Steinbrücke, den Ponte Ischia, verbunden.

196 • Das Hafenviertel Neapels, Mergellina, liegt am Hang des Hügels Posillipo.

196-197 • Das alte Fischerstädtchen Corricella besitzt einen wunderschönen kleinen Hafen aus dem 18. Jh.

3NA 220G

Auf der Insel Vulcano finden sich noch mehrere aktive und seit der Antike bekannte Vulkane.

Die zerklüfteten Felsen im Meer zwischen den Inseln Lipari und Vulcano bieten einen wunderschönen Anblick.

202-203 • Die fast kreisrunde Insel Alicudi besteht aus dem 675 Meter hohen Vulkan Filo del'Arpa und ist die jüngste der Äolischen Inseln.

203 • Die unberührte Schönheit von Filicudi, ebenfalls Teil der Äolischen Inseln, wurde zum UNESCO-Welterbe erklärt.

Die Insel Salina hat die höchsten Berge der Äolischen Inseln. Sie war Schauplatz von Michael Radfords Film *Il Postino* nach dem gleichnamigen Roman von Antonio Skármeta.

Die eleganten Häuser der kleinen vulkanischen Insel Linosa sind rund um einen pittoresken Hafen angeordnet.

BAR

208-209 • Auf der Insel Linosa bieten die dunklen vulkanischen Felsen einen starken Kontrast zu der intensiv grünen Vegetation.

209 • Die steilen Felshänge der Cala Pozzolana auf Linosa ragen ehrfurchtgebietend auf das Meer hinaus.

210-211 • Die Insel Lampedusa liegt nicht weit entfernt von der Küste Afrikas und besitzt durch sein sehr warmes Klima ein fast tropisches Flair.

212-213 • Die Scala dei Turchi (Türkische Treppe) in der Nähe von Agrigent ist eine eindrucksvolle und malerische Felswand aus schneeweißem Sedimentgestein.

214-215 • Die bezaubernde Bucht Cala San Felice beeindruckt durch Felsen, Meer und üppige Vegetation.

215 • Die Cala della Pergola mag winzig sein, ist aber dennoch eine der wunderschönsten Buchten an der Apulischen Küste.

216-217 • Cretaccio ist die kleinste der Tremiti-Inseln und besticht durch ihre wunderbare Landschaft.

217 • San Domino, eine der größten der Tremiti-Inseln, ist umgeben von tiefblauen Meer.

Die Apulische Küste in der Nähe von Vieste erfreut Touristen mit traumhaften Stränden und kristallklarem Wasser.

220-221 • Die Felsen von Torre dell'Orso auf Halbinsel Salento werden auch „Die zwei Schwestern" genannt. Der Name bezieht sich auf eine lokale Legende nach der zwei schöne Mädchen an diesem Ort ertrunken sein sollen.

222-223 • Das Vorgebirge Gargano ist der Sporn des italienischen Stiefels. Umgeben von der Adria sind seine Küsten und Strände seit vielen Jahren äußerst beliebte Touristenziele.

IMPOSANTE BERGE

- Der Mont Blanc ist nicht nur der höchste Berg der Alpen er ist zudem der schönste Berg Italiens.

EINLEITUNG Imposante Berge

ITALIENS BERGE SIND ZAHLREICH, SIE BEDECKEN MEHR ALS 35 PROZENT DES LANDES UND SIND WELTWEIT BEKANNT. DIE GRÖSSTEN BERGKETTEN SIND ZUM EINEN DIE ALPEN MIT DEM RIESEN MONT BLANC, DER AUCH DAS DACH DER WELT GENANNT WIRD, DEM MONTE ROSA, DEM MATTERHORN UND DEM GRAN PARADISO, UND ZUM ANDEREN DER APENNIN MIT DEM GRAN SASSO UND DEN RENOMMIERTEN UNTERIRDISCHEN LABORATORIEN FÜR TEILCHENPHYSIK UND EXPERIMENTELLE NUKLEARE ASTROPHYSIK. DER FASZINATION DER BERGE KÖNNEN SICH VIELE MENSCHEN NICHT ENTZIEHEN. ALS ERSTEM GELANG ES DEM TURINER GEOLOGEN FELICE GIORDANO IM JAHRE 1864 DEN MONT BLANC IN DEN GRAJISCHEN ALPEN VON DER ITALIENISCHEN SEITE AUS ZU BESTEIGEN. OBEN ANGEKOMMEN KONNTE ER DEN WIRKLICH

● Die Palagruppe, die größte Berggruppe der Dolomiten, liegt in einem Naturpark voller außergewöhnlicher Schönheit.

EINLEITUNG Imposante Berge

ATEMBERAUBENDEN AUSBLICK GENIESSEN, DER AUCH HEUTE NOCH MASSEN VON BERGSTEIGERN BEZAUBERT.

EIN ANDERES STAUNENSWERTES PHÄNOMEN DER BERGE IST DIE IRISIERENDE FÄRBUNG DER DOLOMITEN, DAS SO GENANNTE ALPENGLÜHEN. ES HAT SCHON VIELE POETEN, DENKER, WISSENSCHAFTLER UND KÜNSTLER ALLER ART INSPIRIERT.

WINTERSPORTLERN BIETEN DIE ITALIENISCHEN BERGE EINEN IDEALEN ORT UM IHREM HOBBY NACHZUGEHEN. DOCH AUCH SO INNOVATIVE DISZIPLINEN WIE EIS-UND SCHNEESKULPTUREN-WETTBEWERBE UNTERHALTEN WINTER FÜR WINTER TAUSENDE VON BESUCHERN. NICHT VERGESSEN SOLLTE MAN JEDOCH, DASS BERGE AUCH EINE RAUE SEITE HABEN, DIE VIELE FRAUEN UND MÄNNER JEDES JAHR BEI WAGEMUTIGEN UND GEFÄHRLICHEN AUFSTIEGEN KENNENLERNEN. DIE GROSSEN BERGE STELLTEN ALLERDINGS LANGE ZEIT AUCH UNÜBERWINDLICHE BARRIEREN DAR. ERST

EINLEITUNG Imposante Berge

DURCH MENSCHENHAND, DURCH DIE PÄSSE UND LANGEN STRASSEN- UND EISENBAHNTUNNEL, WIE DER VON FREJUS, SAN BERNARDINO, SIMPLON UND VIELEN ANDEREN, WURDE EINE TRANS-ALPINE VERBINDUNG STÜCK FÜR STÜCK AUS DEM FELS GEHAUEN, WO BISHER NUR ADLER AM HIMMEL IHRE KREISE ZOGEN.

IN DEN NATURPARKS DER ITALIENISCHEN BERGE FINDET SICH EINE UNBERÜHRTE NATUR VOLLER UNVERGLEICHLICHER FLORA UND FAUNA. BESONDERS BEKANNT IST DER NATIONALPARK DER ABRUZZEN, LAZIO UND MOLISE, DER 2000 VERSCHIEDENE PFLANZENARTEN BEHERBERGT, DARUNTER VIELE WILDE OR-CHIDEEN IN ALLEN FARBEN. ZU DEN IM PARK LEBENDEN SÄUGETIEREN ZÄHLEN DER MARSICAN-BRAUNBÄR UND DIE ABRUZZEN-GEMSEN GENAUSO WIE WÖLFE, LUCHSE UND REHE. INS-GESAMT WURDEN 300 VOGELARTEN UND 40 ARTEN VON REPTILIEN, AMPHIBIEN UND FISCHEN GEZÄHLT.

Imposante Berge

Einleitung

NICHT ZULETZT KÖNNEN ITALIENISCHE BERGE AUCH IHRE SCHRECKLICHE SEITE ZEIGEN. VULKANE WIE DER ÄTNA IN SIZILIEN, DER VESUV IN KAMPANIEN UND DER STROMBOLI AUF DEN ÄOLISCHEN INSELN HABEN IM LAUFE DER GESCHICHTE SPUREN DER VERWÜSTUNG HINTERLASSEN. EINIGE SIND IMMER NOCH AKTIV, WIE ES JÄHRLICHE GEOLOGISCHE UNTERSUCHUNGEN ZEIGEN, AUCH WENN SIE AN DER OBERFLÄCHE RUHIG ERSCHEINEN.

DIE BERGE ITALIENS VEREINEN IN SICH DAS SCHÖNE UND HARSCHE, SIE BEREITEN VERGNÜGEN UND SIND DABEI DOCH OFTMALS SO LEBENSFEINDLICH. IHRE WIDERSPRÜCHLICHE NATUR IST SICHERLICH MIT EIN GRUND FÜR DIE ANHALTENDE LEIDENSCHAFTLICHE FASZINATION VIELER MENSCHEN.

- Bei einem Ausbruch des gewaltigen Ätna fließen Lavaströme die Berghänge herab.

Der Dente del Gigante (Zahn des Riesen) ist ein 4000 Meter hoher Berg in der Mont-Blanc-Gruppe. Seinen Namen hat er seiner ungewöhnlichen Form zu verdanken.

234-235 • Der Gipfel des gewaltigen Mont Blanc in 4810 Metern Höhe stellt für viele Bergsteiger schon seit Jahren eine unwiderstehliche Herausforderung dar.

235 • Die Gletscher und Täler der Mont-Blanc-Gruppe bieten ebenso wie die gesamten sie umgebenden Grajischen Alpen einen atemberaubenden Anblick.

Das Bergmassiv der Mont-Blanc-Gruppe in den Grajischen Alpen erstreckt sich zwischen dem französischen Haute Savoyen und dem Aostatal in Italien.

Das zauberhafte Val Ferret liegt im Aostatal östlich des Mont-Blanc-Massivs.

Von der Teodulo-Hütte an den Hängen des Apennin, die 1920 erbaut und vor kurzem renoviert wurde, hat man einen fantastischen Blick auf das Matterhorn.

242-243 • Ein Pärchen mutiger Alpensteinböcke klettert im Schnee des Gran Paradiso.

243 • Diese schöne Wildkatze ist ein Europäischer Luchs, ein leider seltener Anblick in den Bergen des Aostatales.

244-245 • Die außergewöhnliche Lage der Schutzhütte Capanna Margherita auf dem Monte Rosa ermöglicht spektakuläre Panoramablicke über die gesamte Bergszene.

246-247 • Hier sieht man den Aufstieg zur Schutzhütte Capanna Margherita auf dem Gipfel der Signalgruppe im Wallis, einer wichtigen meterologischen Wetterbeobachtungsstation.

247 • Das Monte-Rosa-Massiv, das an der Grenze zwischen Italien und der Schweiz verläuft, ist die zweitgrößte Berggruppe der Alpen.

Das Skigebiet von Sestière gehört zu Via Lattea, das sich mit etwa 200 Skipisten bis in die Kottischen Alpen erstreckt.

250 • Ein Alpensteinbock, der mit Leichtigkeit zwischen den Felsen des Gran Paradiso herumklettert.

250-251 • Der Monviso, an dessen Ausläufern die Quelle des Po liegt, wird auch der Re di Pietra (König der Steine) genannt.

Das Stilfserjoch bietet Möglichkeiten zum Skifahren und die Chance, im Naturpark unberührte Natur kennenzulernen.

• Die Naturwunder des Pragsertals bieten eine bezaubernde alpine Szenerie und einmalige Atmosphäre.

● In der Nähe von Lago Verde zeigt sich die Lavarella Schutzhütte als ein Ort der Ruhe und Schönheit.

258-259 • Die schneebedeckten Dolomiten sind für ihren herrlichen Anblick und das vom Sonnenlicht erzeugte Alpenglühen bekannt.

259 • Südtirol hat viele wunderschöne Ecken und Winkel, wie dem Gadertal in der Nähe des Flusses Gadera.

• Die Brentagruppe ist berühmt für ihre majestätischen Gipfel, die vom Alpenglühen erleuchtet werden.

Die Hauptgipfel des Langkofel in den Dolomiten bilden die Grenze zwischen dem Grödner- und dem Fassatal und wurden erstmals 1869 bestiegen.

264-265 • Die italienischen Dolomiten wurden 2009 von der UNESCO zum Weltnaturerbe erklärt.

265 • Die Presanella (3558 m) ist der bedeutendste Gipfel der gleichnamigen Gruppe in den südlichen Rätischen Alpen.

• Seit 1993 besteht in den fast das ganze Jahr über mit Schnee bedeckten Sibillinischen Bergen in den Marken ein Nationalpark.

Der Gran Sasso, ein Bergmassiv aus Apenningestein, liegt an der Grenze zu den Abruzzen.

270-271 • Der Corno Grande (2912 m) ist der größte Gipfel des Gran Sasso. An seiner Nordseite liegt der Calderone-Gletscher, der südlichste Gletscher Europas.

272-273 • Der Golf von Neapel ist durch den Vesuv, der 79 v. Chr. Pompeji und Herculaneum unter seiner Asche begrub, weltbekannt.

• Der Ätna ist eines der größten Naturwunder Siziliens: eine Mischung aus Schönheit, Dramatik und der Frucht vor der Naturgewalt.

• Eine dichte Rauchsäule enststeigt dem Krater des Ätna, wie um die Welt an die furchterregende Macht des Vulkans zu erinnern.

Ein Strom glühender Lava ergießt sich zwischen den kahlen Hängen des Ätna.

ROMANTISCHE DÖRFER

- Die unverkennbaren kleinen runden Steinhäuser von Alberobello mit ihren Kegeldächern wurden 1996 zum UNESCO-Weltkulturerbe erklärt.

P

EINLEITUNG Romantische Dörfer

DIE KLEINEN DÖRFER UND STÄDTCHEN SIND ITALIENS WAHRE SCHMUCKSTÜCKE. MAN FINDET SIE, WUNDERSCHÖN GELEGEN, IN DEN HÜGELN ODER BERGEN, UND AUF DEM SONNENVERWÖHNTEN LAND, WO MAN ABENDS DEM ZIRPEN DER GRILLEN LAUSCHEN KANN. AUCH ENTLANG DER UNBERÜHRTEN KÜSTE ERSTRECKEN SICH PITTORESKE ÖRTCHEN, DIE IHRE BESUCHER MIT IHRER NATURBELASSENEN ODER VON MENSCHENHAND GESCHAFFENEN SCHÖNHEIT BEZAUBERN. DIESE JUWELEN IN DER SCHATZKISTE ITALIENS SIND DER BESTE BEWEIS FÜR ARISTOTELES' WEISHEIT: „NICHT IN JEDER GROSSEN STADT WOHNEN VIELE MENSCHEN."

- Eines der malerischsten Dörfer in Italien, Vallo di Nera in Umbrien, sieht durch seine Steinmauern und Türme wie eine typische mittelalterliche Befestigungsanlage aus.

EINLEITUNG Romantische Dörfer

EIN PERFEKTES BEISPIEL IST DAS KLEINE ABER ENTZÜCKENDE PORTOFINO, DAS GUY DE MAUPASSANT ALS „LAUBE DES MONDES“ BESCHRIEB. CHARMANTE ORTE GIBT ES AUCH IN LIGURIEN, WIE DAS BERÜHMTE CINQUE TERRE, BESTEHEND AUS MONTEROSSO, VERNAZZA, CORNIGLIA, MANAROLA UND RIOMAGGIORE, DAS FARBENFROHE, IN DAS ÜPPIGE GRÜN DES TRENTINO EINGEBETTETE, VITIPENO UND NICHT ZULETZT CAMPODIMELE. DIESES MITTELALTERLICHE STÄDTCHEN AN DEN HÄNGEN DER AURUNKER BERGE IST DURCH DAS ÜBERRASCHEND HOHE LEBENSALTER SEINER EINWOHNER WELTBERÜHMT GEWORDEN.

AUCH SPERLONGA GEHÖRT DAZU, WO MAN SICH NACH EINEM SPAZIERGANG DURCH DAS LABYRINTH DER GÄSSCHEN IM

HERZEN DES ORTES UNVERSEHENS DEM KRISTALLKLAR GLITZERNDEN WASSER DES TYRRHENISCHEN MEERES GEGENÜBERSIEHT.

DER DUFT DER EINFACHEN, ABER UNÜBERTROFFENEN KULINARISCHEN TRADITION BEGLEITET DEN BESUCHER AUF SCHRITT UND TRITT BEI SEINEM STREIFZUG DURCH DIE UNZÄHLIGEN VERWINKELTEN GÄSSCHEN ALL DIESER FASZINIERENDEN KLEINEN ORTE. INMITTEN VON KLARER LUFT UND REINER NATUR KANN MAN DEN URIGEN DIALEKTEN DER LEUTEN ZUHÖREN, SPAZIERT UNTER SCHNEEWEISSER WÄSCHE HINDURCH, DIE VOR DEN FENSTERN IM WIND FLATTERT UND MACHT BEKANNTSCHAFT MIT ALTEN MÄNNERN, DIE IHRE FLACHEN KAPPEN TIEF INS GESICHT GEZOGEN HABEN UND

Romantische Dörfer

Einleitung

DENNOCH IMMER EIN LÄCHELN AUF DEN LIPPEN TRAGEN. NOCH OFT BEGEGNET MAN DABEI AUCH DER BEEINDRUCKENDEN HANDWERKSKUNST, DIE ALLER TECHNOLOGISCHEN ENTWICKLUNG TROTZEND VON ENGAGIERTEN MENSCHEN AUFRECHTERHALTEN WIRD.

IN JEDEM WINKEL DIESES HERRLICHEN LANDES UND WEIT ENTFERNT VON DEN GROSSEN STÄDTEN ENTDECKT MAN UNZÄHLIGE NATURSCHÖNHEITEN.

- Das kleine Castelluccio ist Teil des Nationalparks Sibillinische Berge und liegt 1500 Meter hoch über dem Meeresspiegel.

288-289 • Die Lichter von Cervinia an den Hängen des Matterhorns bezeugen das geschäftige Leben im berühmtesten Skigebiet der italienischen Alpen.

289 • Den Glockenturm der Kirche in Cervinia schmückt eine kleine, der Jungfrau Maria des Aostatals gewidmete, Sonnenuhr.

290-291 • Die Ufer des Ortasees im Piemont sind umgeben von kleinen, attraktiven Ortschaften.

291 • Inmitten des Ortasees liegt auf der kleinen Insel San Giulio die Benediktinerinnen-Abtei Mater Ecclesiae.

292 • Vom Hafen in Malcesina aus kann man mit Booten die Küste rund um den Gardasee erkunden.

293 • Malcesine ist eines der vielen malerischen Städtchen am Ufer des Gardasees.

• Das Trentino ist eine Region, die für ihre typischen Bergstädtchen bekannt ist. Hier sieht man das Zentrum von Vipiteno.

296-297 • Die Atmosphäre in Bruneck im Trentino wird von einer Mischung aus italienischer und österreichischer Kultur bestimmt, wie sie schon seit Jahrhunderten in dieser Region vorherrscht.

297 • Im Herzen von Bressanone, der drittgrößten Stadt der Region Trentino Alto Adige, liegt die Piazza del Duomo.

298-299 • Die frühbarocke Planstadt Palmanova ist in Form eines neunzackigen Sterns angelegt.

300-301 • Das traumhafte Städtchen Riomaggiore der Cinque Terre scheint fast eine Verbindung mit dem Meer einzugehen.

302 • In Castel Vittorio wird die, für viele kleine Städte typische, Bauweise in Form eines Bienenstockes sichtbar.

302-303 • Im mittelalterlichen Castel Vittorio in der Provinz Imperia ragt der imposante Kirchturm weit über die Dächer der Häuser heraus.

304 • Der kleine Fischerort Camogli ist für seine bunten Häuser bekannt, die sich im Wasser des Ligurischen Meeres spiegeln.

305 • Oft sind es, wie hier beim kleinen Hafen von Camogli, die Details, die zusammen die Schönheit einer Stadt ausmachen.

306-307 • Jede Ecke, jeder Aussichtspunkt und jeder Platz in Laigueglia in Ligurien sind unvergesslich und bezaubern durch ihre Schönheit.

307 • Der imposante Torre Capitolare (Kapitelturm) beherrscht Portovenere.

308-309 • Das an der ligurischen Küste liegende Städtchen Portovenere wurde 1997 UNESCO-Weltkulturerbe.

310-311 • San Gimignano liegt inmitten der grünen toskanischen Landschaft und wird wegen seiner vielen Türme auch als Manhattan des Mittelalters bezeichnet.

312-313 • Die kleine mittelalterliche Stadt Sorano liegt auf Tuffsteinfels in etwa 400 Metern Höhe.

314-315 und 315 • Montepulciano in der Region Siena ist ein kleines Juwel etruskischen Ursprungs, dessen Stadtzentrum von mittelalterlichen Mauern umgeben ist.

316-317 • Die toskanische Stadt Pitigliano wird von den tiefen Schluchten der Bäche Lente und Meleta umflossen, die sich über die Jahre in das Plateau geschnitten haben.

● Der pittoreske Kirchturm von Brisighella liegt auf einem Felsen hoch über der Stadt.

Während die Anhöhen von Castelluccio in Umbrien im Winter von Schnee bedeckt sind, übersät sie der Frühling mit herrlichen bunten Blumen.

Das zauberhafte Sperlonga in Latium zieht Verliebte sowohl im Sommer wie auch im Winter an.

324 • Settefrati, eine kleine Stadt in der Provinz Frosinone, erhebt sich in einer Höhe von 800 Metern über das Camino Tal.

325 • Das mittelalterliche Latera liegt in der Provinz Viterbo, nahe dem Bolsenasee und der toskanischen Grenze.

Die Insel Ischia bietet den Touristen auch abseits des beliebten und gut besuchten Strandes viele Möglichkeiten der Unterhaltung.

Ventotene ist die kleinste der bewohnten Pontinischen Inseln im Tyrrhenischen Meer. Trotzdem ist die Insel durch ihren modernen Touristenhafen gut zu erreichen.

330-331 • Die kleine Stadt Amalfi liegt am Golf von Sorrent, dessen bezaubernde Küste zum UNESCO-Weltnaturerbe erklärt wurde.

332-333 • Umgeben von spektakulärer Natur liegt das Städtchen Opi im Nationalpark Abruzzen, Latium und Molise.

• Opi, auf einer Höhe von 1250 Metern gelegen, erinnert an eine kleine Insel im grünen Meer der Berge und Wälder.

• Alberobello ist eine
kleine Stadt in Apulien,
die für ihre Trulli,
die runden weißen
Steinhäuser
mit Kegeldächern,
bekannt ist.

• Die Innenstadt von Vico del Gargano, einem kleinen Städtchen auf dem Vorgebirge von Gargano, ist mit ihrem Gewirr von Gässchen im Sommer ein beliebter Treffpunkt von Touristen und Bewohnern der Region.

340-341 • Die romanische Kathedrale von Bitonto steht als kultischer Fixpunkt fest im architektonischen Gefüge der Stadt.

341 • Der Bogen über dem Haupteingang der Kathedrale von Bitonto wird von zwei achtsamen Greifvögeln bewacht.

342 • Das malerische Schloss Massafra in der Provinz Tarent erhebt sich über der Schlucht von San Marco.

343 • Massafra ist bekannt für seine Schluchten und Felskorridore, in deren Höhlen in früherer Zeit Menschen gelebt haben.

344 • Läuft man durch die Gässchen des Stadteils Junno in Monte Sant'Angelo, spürt man das echte, unverfälschte und traditionelle Leben der Stadt.

344-345 • Monte Sant'Angelos Stadtteil Junno ist stark von den dicht an dicht gebauten Häusern geprägt.

346-347 ●

Wunderschöne kleine Orte wie das Städtchen Bosa lassen einen die Schönheit des wahren Sardiniens entdecken.

348-349 ●

Die ungewöhnliche Lage des mittelalterlichen Städtchens Castelsardo direkt am Golf von Asinara bietet atemberaubende Ausblicke.

• Linosa ist eine bezaubernde Insel vulkanischen Ursprungs im Pelagischen Archipel vor Sizilien. Hier scheinen die Farben der Häuser mit den Farben der Natur konkurrieren zu wollen.

FLÜSSE und SEEN

Das Benediktinerinnenkloster Mater Ecclesiae auf der Insel San Giulio im Ortasee wurde 1973 gegründet.

EINLEITUNG Flüsse und Seen

WASSER SPIELT IN ITALIEN EINE GANZ BESONDERE ROLLE UND DAS NICHT NUR, WEIL DIE HALBINSEL VON WASSER UMGEBEN IST. DIE FLÜSSE ITALIENS, DIE WIE ADERN DAS LAND DURCHZIEHEN UND DIE BÖDEN FRUCHTBAR MACHEN SIND GENAUSO WICHTIG, WIE DIE ÜBER DAS GANZE LAND VERTEILTEN SEEN, DIE DEN MENSCHEN UNVERGLEICHLICHE LEBENSQUALITÄT SPENDEN. ITALIENS GRÖSSTER FLUSS IST DER PO. ER FLIESST, NACHDEM ER DIE POEBENE DURCHQUERT UND AUF SEINEM WEG ZAHLREICHE NEBENFLÜSSE AUFGENOMMEN HAT, IN DIE ADRIA. ENTLANG SEINER UFER HAT ER IM LAUFE DER JAHRE EINE ABWECHSLUNGSREICHE UND ATEMBERAUBENDE LANDSCHAFT ENTSTEHEN LASSEN, DIE HEUTE ZUM UNESCO-WELTKULTURERBE ZÄHLT. IM NORDEN FLIESST DER HISTORISCHE

• Der Name der Cascata delle Marmore kommt von im Wasser enthaltenem Kalzium, das sich auf den Felsen absetzt und sie wie Marmor aussehen lässt.

EINLEITUNG Flüsse und Seen

PIAVE, VON DEM EINES DER BERÜHMTESTEN ITALIENISCHEN VOLKSLIEDER VON E. G. MARIO NAMENS „DIE GESCHICHTE DES PIAVE“ ERZÄHLT.

DIE POEBENE IST VON HERRLICHEN SEEN GESÄUMT, ETWA DEM COMER SEE, DER DIE KULISSE FÜR PRÄCHTIGE VILLEN UND HISTORISCHE GEBÄUDE BILDET, WIE ZUM BEISPIEL DER VILLA D'ESTE, DER VILLA MONASTERO, DER FESTUNG VON VEZIO, DER VILLA PLINIANA, DEM TEMPEL VON ALESSANDRO VOLTA ODER DER VILLA CARLOTTA. DER LAGO MAGGIORE IST NICHT WENIGER EINDRUCKSVOLL VON ERHABENEN BERGEN, PITTORESKEN SCHLÖSSERN UND LEUCHTEND GRÜNEN GÄRTEN UND PARKANLAGEN UMGEBEN.

DER GARDASEE IST DER GRÖSSTE ITALIENISCHE SEE. ER LIEGT ZWISCHEN DER LOMBARDEI, VENETIEN UND TRENTINO-

EINLEITUNG Flüsse und Seen

SÜDTIROL UND IST EIN BELIEBTER URLAUBSORT FÜR TOURISTEN AUS DER GANZEN WELT. DOCH AUCH DER ISEOSEE ZIEHT DAS GANZE JAHR ÜBER FERIENGÄSTE ZU VIELFÄLTIGEN AKTIVITÄTEN WIE WASSERSPORT UND ANGEL AN.

DURCH MITTELITALIEN FLIESST DER TIBER. DER LEGENDE NACH SOLLEN AUF IHM ROMULUS, DER GRÜNDER UND ERSTE HERRSCHER ROMS, UND REMUS, DIE BEIDEN BERÜHMTEN VON DER WÖLFIN GESÄUGTEN ZWILLINGSBRÜDER, IN EINEM KÖRBCHEN AUSGESETZT WORDEN SEIN.

DIE LANDSCHAFT DER TOSKANA IST GEPRÄGT VOM ARNO, DER DURCH ZAHLREICHE STÄDTE FLIESST. BESONDERS AUCH IN FLORENZ BEWEGT ER SICH WIE EIN FLIESSENDES KUNSTWERK ENTLANG DER VON MENSCHEN GESCHAFFENEN BAUWERKE UND PRÄGT SO ENTSCHEIDEND DAS STADTBILD MIT.

Flüsse und Seen

Einleitung

IM SÜDEN ITALIENS GIBT ES WENIGE NATÜRLICHE FLÜSSE UND SEEN, HIER FINDET MAN ALLERDINGS DES ÖFTEREN KANÄLE UND KÜNSTLICH ANGELEGTE SEEN. EINE BESONDERHEIT SIND DIE AUF SIZILIEN VON MENSCHEN ERRICHTETEN BECKEN, IN DENEN SICH EIN ARTENREICHES ÖKOSYSTEM ENTWICKELT HAT.

FLÜSSE UND SEEN FORMEN DIE WUNDERSCHÖNE ITALIENISCHE LANDSCHAFT AUF IHRE BESONDERE WEISE. SIE ERFÜLLEN SIE MIT MAGIE UND LEBEN, UND BEGEISTERN DIE MENSCHEN, DIE SICH IHRER SCHÖNHEIT NICHT ENTZIEHEN KÖNNEN.

- Der Fluss Po, ein UNESCO-Weltnaturerbe, ist an seiner Mündung in die Adria besonders liebreizend.

360 • Auf der Isola Bella im Lago Maggiore steht der herrliche Palazzo Borromeo, in dem sich zahlreiche wertvolle Kunstwerke befinden. Auch der herrliche italienische Garten, der sich üppig über die Terrassen hinzieht, ist sehenswert.

360-361 • Die kleine Insel San Giulio liegt inmitten des ruhigen Ortasees.

362-363 • Die Isola dei Pescatori (Fischerinsel) im Lago Maggiore sieht im Abendrot aus wie ein Aquarell.

364-365 • Menaggio am Westufer des Comer Sees profitiert von all den klimatischen und landschaftlichen Vorteilen der Lage zwischen See und Gebirge.

365 • Von Menaggio aus kann man einige besonders schöne Blicke auf den romantischen Comer See genießen.

366-367 • An den Ufern des Gardasees, des größten italienischen Sees, liegen zahlreiche Städte der Provinzen Trient, Brescia und Verona.

367 • Riva del Garda, in der Provinz Trient, bietet neben seinen eindrucksvollen Sehenswürdigkeiten eine Reihe kultureller Veranstaltungen, allen voran Konzerte bekannter Künstler.

Der Gardasee liegt zwischen dem Veneto, der Lombardei und Trentino Alto Adige und ist seit vielen Jahren ein Anziehungspunkt für Touristen. Die Isola del Garda (Gardainsel) mit einer Villa im neo-gotischen Stil und herrlichen Gärten ist eines der schönsten Ziele in dieser Region.

Die Gipfel der Dolomiten spiegeln sich im blauen Wasser des klaren Landrosees.

372-373 und 373 • Die Laghi di Fusine in der Nähe von Tarvisio schöpfen ihre Anziehungskraft aus der wunderschönen Natur des umliegenden Nationalparks.

374-375 • Der Fluss Isonz fließt nach seiner langen Wanderung durch Slowenien und Friaul-Julisch-Venetien im Golf von Triest in die Adria.

376-377 • Am Ende seines langen Weges fließt der Po durch ein komplexes System vieler Kanäle in der Lagune von Chioggia in die Adria.

378-379 • Die Landschaft im Naturreservat Po di Volano um das Po-Delta ist eine Landschaft von unbeschreiblicher Schönheit.

Die Sumpfgebiete in der Nähe von Castiglione della Pescaia stehen aufgrund ihrer abwechslungsreichen und vielfältigen Vegetation unter Naturschutz.

382 • Die drei Stufen der Cascata delle Marmore hüllen ihre Umgebung in eine Nebelwolke ein.

382-383 • In der ursprünglichen und natürlichen Umgebung des Vicosees in der Nähe von Viterbo gedeiht eine außergewöhnliche Flora und Fauna.

384-385 ● Der Trasimenische See in Umbrien ist eines der fischreichsten Gewässer Italiens.

386–387 ● Der Tiber ist nicht nur der wichtigste Fluß der ländlichen Gegenden Mittelitaliens, er zieht sich auch durch die moderne Hauptstadt des Landes.

388-389 • Der Lago di Barrea, ein erst 1951 künstlich angelegter See, ist eine der bekanntesten Sehenswürdigkeiten des Nationalparks der Abruzzen.

390-391 • Der Nationalpark von Sila in Kalabrien bietet eine Vielzahl großartiger Panoramen.

392 • Der Lago del Cendrino ist ein Stausee des gleichnamigen Flusses in der Nähe von Oliena auf Sardinien.

393 • Der Tirso, Sardiniens größter Fluss, wurde zu einem künstlichen See gestaut. Die Region hat auch einige natürliche Seen.

394-395 und 395 • Der Alcantara, einer von Siziliens Hauptflüssen, besitzt an seinem Lauf natürliche Grotten, die durch Lavaströme entstanden sind.

396-397 • Das Städtchen Trapani ist wegen seiner Salinen auch als città del sale (Salzstadt) bekannt.

SANFTE HÜGEL

Aus den Hügeln von Monferrato im Piemont stammen weltberühmte Weine und Sekte.

EINLEITUNG Sanfte Hügel

EIN GROSSER TEIL ITALIENS WIRD VON FLACHEM LAND UND HÜGELN EINGENOMMEN. DER WEIN UND DIE LANDWIRTSCHAFTLICHEN PRODUKTE AUS DIESEN REGIONEN SIND SCHON LANGE WELTBERÜHMT. DIE INTENSIV GRÜN LEUCHTENDEN LANDSCHAFTEN WAREN SCHON VON ALTERS HER QUELLE DER INSPIRATION FÜR GENERATIONEN VON SCHRIFTSTELLERN UND KÜNSTLERN, ABER AUCH VON EINFACHEN REISENDEN UND DER EINHEIMISCHEN BEVÖLKERUNG.

DIE REISFELDER DER EBENE BEI VERMICELLI BILDETEN DEN STIMMUNGSVOLLEN HINTERGRUND FÜR DIE ZAUBERHAFTE SILVANA MANGANO IN DEM GEFEIERTEN FILM *RISO AMARO* (BITTERER REIS). HÜGELIGE UND TEILWEISE BEWALDETE STRE-

• Die hügelige Toskana umfasst neben den Hügeln bei Livorno über die Hügel von Pisa bis zu denen von Albenga und Fiora und den Hügeln von Metallifere auch die des Chianti-Gebietes mit seinen berühmten Weinen.

EINLEITUNG Sanfte Hügel

CKEN BEI LANGHE, ROERO, MONFERRATO, DEM PO-DELTA UND VENETIEN BESITZEN EINE UNBERÜHRTE NATÜRLICHE SCHÖNHEIT, DIE ÜBER DIE GRENZEN DES LANDES HINAUS GERÜHMT WIRD.

IN DER TOSKANA ERSTRECKT SICH UM PISA DIE SCHWEMMEBENE DES ARNOTALS. AN SIE GRENZEN DIE HÜGELIGEN, FÜR SEINEN WEIN UND SEINE OLIVEN BERÜHMTEN REGIONEN DES CHIANTI. DIE MAREMMA VERLÄUFT ENTLANG DES TYRRHENISCHEN MEERES. IHRE HERRLICHEN STRÄNDE WECHSELN SICH MIT DICHTEN PINIENWÄLDERN, VON EINER UNBARMHERZIGEN SEE HERAUSGEWASCHENEN WINZIGEN HÖHLEN, NATURPARKS, RESERVATEN UND ENTZÜCKENDEN KLEINEN DÖRFERN, SOWIE ALTEN SCHLÖSSERN AB. DIE EBENE BEI ROM VERLÄUFT UM DIE HÜGEL DER STADT HERUM. HIER, ENTLANG DER HAUPTHANDELS-

STRASSEN, FINDET MAN ZAHLREICHE ARCHÄOLOGISCHE FUNDORTE, LOKALE PRODUKTE UND EINE JAHRHUNDERTEALTE KULINARISCHE TRADITION.

WEITER SÜDLICH LIEGEN DIE FRUCHTBAREN UND MILDEN EBENEN KAMPANIENS SOWIE DER PONTINISCHEN SÜMPFE. IN DER UMGEBUNG DER FLÜSSE VOLTURNO UND SELE WERDEN NICHT NUR KIWIS GEERNTET UND SCHAFE GEHÜTET, DAS LAND IST AUF GRUND DER ÜBERWÄLTIGENDEN FÜLLE AN KÖSTLICHKEITEN AUCH DICHT MIT DÖRFERN UND KLEINEN STÄDTCHEN ÜBERZOGEN.

PALERMO LIEGT EINGEBETTET IN DIE FANTASTISCHE, FÜR IHRE MANDARINEN BEKANNTE CONCA D'ORO, WELCHE ALLERDINGS NICHT DIE GRÖSSTE SIZILIANISCHE EBENE IST. DIESE LIEGT BEI CATANIA. IN SARDINIEN MACHT DIE EBENE VON CAMPIDANO IM

Sanfte Hügel

Einleitung

SÜDWESTEN DER INSEL DAS GESAMTE FLACHLAND AUS. SIE IST AUCH DIE HEIMAT DER ROSA FLAMINGOS.

NICHT NUR DIE REISENDEN SIND BEGEISTERT VON DEN SCHÖNEN ITALIENISCHEN LANDSCHAFTEN, AUCH DIE BEWOHNER FÜHLEN SICH SEHR MIT DEN EBENEN UND HÜGELN VOR IHRER HAUSTÜRE VERBUNDEN.

- Die wunderschöne Toskana bildet einen passenden landschaftlichen Rahmen für Kunst und Geschichte der Region.

406-407 • Die kleine Stadt La Morra liegt wunderschön in die Landschaft der Langhe eingebettet. Sieben Wege schlängeln sich um die Stadt und führen auf den bekannten Rundweg Barolo.

408-409 • Die markanten Reisfelder von Vercelli sind Schauplatz des Films *Riso Amaro* (Bitterer Reis), dem neorealistischen Meisterwerk mit Silvana Mangano.

410-411 • Die fruchtbaren Felder bei den Städtchen Asti und Alessandria im Piemont.

Die Landschaft bei Cuneo könnte mit ihren intensiven Farben direkt impressionistischen Meisterwerken entnommen sein.

• In den hügeligen Gebieten des Oltrepò Pavese findet man typische Weingüter mit ausgezeichneten lokalen Weinen.

Die Landschaft am Apennin in der Emilia-Romagna wirkt, eingehüllt in dichten Nebel, fast verzaubert.

418-419 • Meldola in der Emilia-Romagna liegt in einer hügelien Landschaft nahe dem Fluss Bidente, nicht weit entfernt von Forlì.

419 • Die ländliche Umgebung von Ferrara, der schönen Stadt der Familie Este in der Emilia-Romagna.

420-421 • Die herrlichen Pastellfarben der Seneser Hügel bieten einen der schönsten Anblicke in der ganzen Toskana.

421 • Das faszinierende Gebiet Le Balze bei Volterra ist durch jahrhundertelange Erosion entstanden.

422 und 422-423 • Die Gegend bei Viterbo ist wunderschön und ebenso wie die Stadt reich an Geschichte und beeindruckenden Bauwerken.

424-425 • Zwischen Umbrien und den Marken liegt die malerische Landschaft von Castellucio eingebettet in den Nationalpark Sibillinische Berge.

Idyllisch grasen die Viehherden auf den saftigen Wiesen zwischen Norcia und Gubbio.

428-429 • Dünne Nebelschleier umhüllen das in der Gemeinde Morano Calabro gelegene Campotenese.

430-431 • Motta Montecorvino ist ein hübscher kleiner Ort in der Provinz Foggia, umgeben von der traumhaften Landschaft der Monti Dauni.

Eine Gruppe von Trulli, den charakteristischen weißen Steinhäusern mit Kegeldächern, wie man sie in der Stadt Ceglie Messapica findet.

434-435 • Olivenbäume aus der Gegend von Nardò liefern das berühmte apulische Olivenöl, eines der besten Italiens.

435 • Weinanbau und Weinherstellung sind die wirtschaftlichen Grundlagen des Valle dell'Ofanto, das nach dem Hauptfluss Apuliens, einem der größten Süditaliens, benannt ist.

436-437 • Die kleine Stadt Dorgali in der Provinz Nuoro ist mit ihrer Ursprünglichkeit eine der unzähligen Schönheiten der Gegend.

437 • Das Weideland auf Sardinien bietet den Besuchern wunderschöne Motive.

438-439 • Das fruchtbare Hochland von Ragusa bietet eine Fülle üppiger mediterraner Vegetation.

SCHÄTZE der VERGANGENHEIT

• Das Kolosseum, in dem in der Antike Kämpfe zwischen wilden Tieren und Gladiatoren stattfanden, ist heute eines der bekanntesten Wahrzeichen Roms.

EINLEITUNG Schätze der Vergangenheit

DIE ITALIENISCHE LANDSCHAFT IST DURCHZOGEN VON SEHENSWÜRDIGKEITEN, MONUMENTEN, BAUWERKEN UND AUSGRABUNGSORTEN, DIE ZUSAMMENBETRACHTET, EIN FASZINIERENDES UND VIELSCHICHTIGES BILD DER VERGANGENHEIT ERGEBEN. HISTORISCHE ÜBERBLEIBSEL AUS GRIECHISCHER ZEIT FINDEN SICH NEBEN ETRUSKISCHER UND RÖMISCHER ARCHITEKTUR. IN MAGNA GRECIA, DEM GRIECHISCHEN KOLONISATIONSGEBIET IN UNTERITALIEN UND SIZILIEN, FINDEN SICH AUSSERORDENTLICH GUT ERHALTENE BAUWERKE, DIE HEUTE TEILWEISE ZUM WELTKULTURERBE GEHÖREN. TEMPELANLAGEN, WIE IN AGRIGENT, ODER DIE FÜR HERA, ATHENA UND POSEIDON IN PAESTUM, STEHEN DABEI NEBEN DEN ALTEN THEATERANLAGEN VON SYRAKUS UND TAORMINA, IN DENEN MAN MEINT DIE GESCHICHTE ERWACHE ZU NEUEM LEBEN.

● Ein Detail eines Freskos aus dem Haus des Goldenen Armreifes in Pompeji, welches sich an der Kreuzung der Via Consolare und der Via delle Terme befindet.

EINLEITUNG Schätze der Vergangenheit

DIE ETRUSKISCHEN VÖLKER IN DER TOSKANA HINTERLIESSEN UNS HEUTIGEN BETRACHTERN DAGEGEN VOR ALLEM MONUMENTALE STÄTTEN FÜR IHRE TOTEN, WIE DIE BEDEUTENDEN NEKROPOLEN VON TORQUINIA UND CERVETERI. BESONDERS BEKANNT AUS DER ETRUSKISCHEN SEPULKRALKUNST DÜRFTEN DIE EINDRUCKSVOLLEN SARKOPHAGE DER EHEGATTEN SEIN, DIE IN DER NEKROPOLE VON BANDITACCIA ENTDECKT WURDEN.

DIE HISTORISCHEN STÄTTEN ROMS SIND ZAHLREICH UND PRÄGEN ALLGEGENWÄRTIG DAS STADTBILD. ZU DEN BEEINDRUCKENDSTEN IN ROM ZÄHLT DAS MAJESTÄTISCHE KOLOSSEUM, DAS ALS VERTRETER EINER VERGANGENEN EPOCHE STOLZ UND WÜRDEVOLL INMITTEN DES TÄGLICHEN TRUBELS VON AUTOS, BUSSEN UND MOTORROLLERN THRONT. NEBENAN BEFINDET SICH DAS FORUM ROMANUM, DAS FÜR ÜBER 1000 JAHRE DAS POLITISCHE UND

SOZIALE ZENTRUM DER STADT WAR. EINGERAHMT WIRD ES DURCH DIE FRÜHEN SIEDLUNGEN AUF DEN HÜGELN PALATIN UND KAPITOL. AUSSERHALB DER ALTSTADT REIHEN SICH ENTLANG DER STRASSEN VIELE CHRISTLICHE KATAKOMBEN.

AUCH ÜBER DAS GANZE RESTLICHE ITALIEN VERTEILT FINDEN SICH RÖMISCHE BAUWERKE, WIE DIE ARENA VON VERONA, EIN INMITTEN DER STADT LIEGENDES AMPHITHEATER, BIS HIN ZU IN IHRER GÄNZE ERHALTENE STÄDTE: DAS BERÜHMTE POMPEJI UND DAS NICHT GANZ SO BERÜHMTE HERCULANEUM WURDEN 79 N.CHR. VON DER LAVA DES NAHEN VESUVS BEGRABEN UND SO FÜR DIE NACHWELT ERHALTEN.

IN WENIGEN LÄNDERN FINDET MAN EINE SO UMFANGREICHE ARCHÄOLOGISCHE VIELFALT, WIE SIE ITALIEN VORWEISEN KANN. EINE HAUPTROLLE BEI DER BEWAHRUNG DIESES ANTIKEN ERBES

Schätze der Vergangenheit

Einleitung

KOMMT DEN MUSEEN ZU. DANK IHRER BEMÜHUNGEN SIND GROSSE TEILE DER GESCHICHTE ITALIENS HEUTE FÜR BESUCHER AUS DER GANZEN WELT ZUGÄNGLICH. GENANNT WERDEN MÜSSEN DIE GROSSEN MUSEEN ROMS, WIE DIE KAPITOLINISCHEN MUSEEN, DIE NATIONAL- UND DIE VATIKANISCHEN MUSEEN. ABER AUCH IN KLEINEREN STÄDTEN WIE NEAPEL UND REGGIO CALABRIA FINDEN SICH BEDEUTENDEN SAMMLUNGEN MIT FUNDSTÜCKEN VON DER FRÜH- BIS ZUR SPÄTZEIT.

- Taorminas antikes griechisches Theater bietet berauschende Ausblicke sowohl auf den Ätna wie auf das Ionische Meer.

• In Aquileia befinden sich die Überreste eines römischen Forums, des alten Handelsplatzes und Treffpunktes im Herzen der antiken Stadt.

450 • Das 400 Hektar große Gräberfeld von Cerveteri bei Banditaccia ist eine der großartigsten und interessantesten etruskischen Nekropolen, die jemals entdeckt wurden.

450-451 • Die Nekropole von Banditaccia, die 2004 zum UNESCO-Weltkulturerbe erklärt wurde, enthält unter anderem dieses Grab mit Reliefs aus dem 4. Jh. v. Chr.

452-453 • Die Hadriansvilla bei Tivoli wurde von Kaiser Hadrian als Palast erbaut.

454-455 • An einem Ende des langen Kanals um die Hadriansvilla bei Tivoli findet man das Serapeum, das der ägyptischen Gottheit gewidmet und prachtvoll mit Statuen und Säulen ausgestattet ist.

456 • Der Triumphbogen von Septimus Severus aus dem 3. Jh. n. Chr. am Fuße des Kapitols wurde zu Ehren der militärischen Siege des Kaisers errichtet.

456-457 • Der Komplex des Trajansforums, mit der monumentalen Basilika Ulpia und der imposanten Trajanssäule, wurde für öffentliche Zeremonien benutzt.

458-459 • Die Thermen von Caracalla dienten im antiken Rom der Körperpflege und der sportlichen Betätigung der Öffentlichkeit.

460-461 • Römische Soldaten lauschen der Ansprache ihres Feldherren auf einem Detail der Trajanssäule.

462-463 • Bei einem Besuch des Forum Romanums fühlt man sich zurückversetzt in das Leben vergangener Zeiten.

464 • Die Hauptstraße Decumanus Maximus der römischen Hafenstadt Ostia Antica führt an einer Vielzahl öffentlicher Gebäude, unter anderem dem Theater der Stadt, vorbei.

464-465 • Im Stadtzentrum befindet sich das Kapitol, der Haupttempel von Ostia Antica, von dem aus man einen wunderbaren Blick auf die umliegenden architektonischen Reste besitzt.

Das herrliche römische Theater von Ostia Antica ist noch heute Schauplatz von Aufführungen.

468 • Das stattliche Amphitheater von Pozzuoli fasste in seiner Glanzzeit etwa 20 000 Besucher.

468-469 • Die Substruktionen des Amphitheaters von Pozzuoli zeugen von der Bedeutung der Stadt für den Handel im antiken Italien.

470 • Das Haus von Neptun und Amphitrite, hier ein Detail eines Wandmosaiks, ist von den ausgegrabenen Häusern in Herculaneum eines der am besten erhaltenen.

471 • Die Casa della Gemma in Herculaneum ist eine der außergewöhnlichsten römischen Wohnanlagen der Stadt, die 79 v. Chr. unter der Lava des Vesuvs begraben wurde.

472-473 ● Die weitläufigen Ruinen der Stadt Pompeji, die 79 v. Chr. bei einem Ausbruch des Vesuvs komplett zerstört wurde.

474-475 ● Der Vesuv bildet den Hintergrund für diesen herrlichen Jupitertempel in Pompeji, der beim Ausbruch des Vulkans verschüttet wurde.

476 • Der antike Apollotempel steht umgeben von Säulen im Zentrum des alten Pompejis.

476-477 • Zu bestimmten Tageszeiten scheint das Spiel der Schatten auf den Ruinen entlang der Via dell'Abbondanza in Pompeji die Stadt zu neuem Leben zu erwecken.

26
25

478 • Ein Altar vor einem der luxuriöseren Häuser Pompejis zeigt deutlich die soziale Stellung der Eigentümer.

479 • Das ausgezeichnet erhaltene Atrium und das Tablinum des Hauses von Lucretius Frontonius in Pompeji zeugen vom eleganten Stil der damaligen Zeit.

480-481 • Das Haus der Mysterien mit der Darstellung der Heirat von Bacchus und Ariadne ist ein weiteres wertvolles Beispiel antiken Kunstschaffens.

Die Nuraghe der Santu Antine aus der Bronzezeit ist die Hauptattraktion der archäologischen Stätte von Torralba auf Sardinien.

484 und 484-485 • Die alte verlassene sizilianische Stadt Segesta ist voller archäologischer Schätze, die jährlich zahlreiche Touristen bewundern.

486-487 • Das griechische Theater von Segesta ist eine der Sehenswürdigkeiten der von den antiken Elymern gegründeten Stadt.

488-489 • Die Überreste des Heraklestempels im sog. Tal der Tempel von Agrigent sind bekannt als Ort voller faszinierender archäologischer Funde.

489 • Der Tempel der Concordia, eines der architektonischen Meisterwerke im Tal der Tempel in Agrigent.

490-491 • Das griechische Theater in Syrakus hat zahlreiche Veränderungen mitgemacht, ohne seinen unverwechselbaren Charme zu verlieren.

Der archäologische Park von Selinunt mit seinen imposanten Tempelbauten ist einer der bedeutendsten und größten ganz Europas.

Das griechische Theater von Taormina ist ein besonderer Ort, an dem die Vergangenheit lebendig zu werden scheint.

b=Bildlegende

A
Abendmahl, Mailand, 38
Abruzzen, 229, 269b, 300b, 338b
Adria, 25, 167, 221b, 354, 358b, 373b, 376b
Ägidische Inseln, 167
Agrigent, 213b, 442, 489b
Albenga Hügel, Toskana, 400b
Alberobello, Apulien, 280b, 336b
Alberto Sardi Gallerie, Rom, 125b
Alcantara, Fluss, 395b
Alessandria, 51b, 407b
Alicudi, Insel, 203b
Alighieri, Dante, 25
Alpen, 23, 224b, 226, 247b
Alpenglühen, 228, 259b, 261b
Amalfi, Kampanien, 191b, 330b
Amalfiküste, Kampanien, 191b
Ambrosianische Museen, Mailand, 40
Ambrosianische Museen, Mailand, 40
Amphitheater, Pozzuoli, 42, 468b
Äolische Inseln, 167, 203b, 205b, 230
Aostatal, 12b, 237b, 238b, 243b, 289b
Apennin, 23, 226, 241b, 269b, 417b
Apollotempel, Pompeji, 476b
Apulien, 167, 336b, 435b
Aquarium, Genua, 91b
Aquileia, Friaul-Julisch Venetien, 449b
Arena, Verona, 72b, 445
Aristoteles, 282
Arno, Fluss, 107b, 357
Arnotal, 402
Arnotal, Toskana, 402
Assisi, 118b
Asti, 407b
Athenatempel, Paestum, 442
Ätna, Sizilien, 12b, 230, 230b, 274b, 276b, 278b, 446b
Aurunker Berge, 284

B
Baldachin von Bernini, Rom, 133b
Baptisterium, Parma, 100b
Baptisterium, Pisa, 12b
Bari, 41, 146b
Basilika Beata Vergine della Ghiara, Reggio Emilia, 94b
Basilika San Gaudenzio, Novara, 52b
Basilika San Prospero, Reggio Emilia, 94b
Basilika Sant'Andrea, Vercelli, 48b
Basilika Sant'Antonio, Padua, 75b
Basilika Santa Croce, Lecce, 148b
Basilika Superga, Turin, 46b
Basilika Ulpia, Rom, 456b
Benigni, Roberto, 22
Bernini, Gian Lorenzo, 133b
Bibliothek der Ambrosianischen Museum, Mailand, 40
Bidente, Fluss, 419b
Bischoffspalast, Parma, 100b
Bitonto, Apulien, 341b
Bocelli, Andrea, 41
Bologna, 96b
Bolsenasee, 324b
Bosa, Sardinien, 348b
Botticelli, Sandro, 25
Bourbonen, 143b
Brentagruppe, 261b
Brescia, 367b
Bressanone, Trentino, Südtirol, 297b
Brisighella, Emilia Romagna, 318b
Bruneck, Trentino, Südtirol, 297b
Brunelleschi, Filippo, 25, 107b
Budelli, Insel, 181b

C
Cagliari, Sardinien, 160b
Cala della Pergola, Apulien, 215b
Cala Inferno, Insel Ponza, 188b
Cala Pozzolana, Linosa, 209b
Cala Rossa, Insel Capraia, 177b
Cala San Felice, Gargano, 215b
Cala Viola, Sardinien, 185b
Calderone-Gletscher, 270b
Camogli, Ligurien, 304b
Campidano, Sardinien, 403
Campodimele, Latium, 284
Campotenese, Kalabrien, 428b
Capanna Margherita, Hütte, 243b, 247b
Capanna Margherita, Schutzhütte, 247b
Capo Bianco, Insel Ponza, 168b
Capo Caccia, Sardinien, 185b
Capo dell'Argentiera, Sardinien, 185b
Capo Falcone, Sardinien, 185b
Capo Testa, Sardinien, 178b
Capraia, Insel, 12b, 177b
Capri, Insel, 26b, 166
Caracalla-Thermen, Rom, 458b
Carlo Schmidl Theatermuseum, Triest, 85b
Caruso, Enrico, 41
Casa della Gemma, Herculaneum, 470b
Cascata delle Marmore, 354b, 382b
Caserta, 143b
Casino, San Remo, 86b
Castel dell'Ovo, Neapel, 141b
Castel Miramare, Triest, 82b
Castel Thun, Thun, 12b
Castel Vezio, Comer See, 356
Castel Vittorio, Ligurien, 302b
Castello Aragonese, Ischia, 194b
Castello Estense, Ferrara, 99b
Castello Sforzesco, Mailand, 64b
Castello Sforzesco, Novara, 52b
Castelluccio, Umbrien, 286b, 320b
Castelsardo, Sardinien, 348b
Castiglione della Pescaia, Toskana, 381b
Catania, 156b, 403
Ceglie Messapica, Apulien, 433b
Cellini, Benvenuto, 25

Certosa, Pavia, 61b
Cerveteri, Latium, 444, 450b
Cervinia, Aostatal, 289b
Cheradi-Archipel, 166
Chiaia di Luna, Insel Ponza, 188b
Chianti, Toskana, 400b, 402
Chioggia, Venetien, 376b
Cinque Terre, Ligurien, 166, 168b, 284, 299b
Coccia Theater, Novara, 52b
Comer See, 52b, 56b, 356, 365b
Como, 56b
Conca d'Oro, Sizilien, 403
Concordiatempel, Tal der Tempel, 489b
Corniglia, Ligurien, 284
Corno Grande, 270b
Corricella, Procida, 196b
Cremona, 41
Cretaccio, Insel, 217b
Cuneo, 412b

D
David, Florenz, 110b
De Laurentiis, Dino, 22
Dente del Gigante (Zahn des Riesen), 232b
Di Stefano, Giuseppe, 41
Dolomiten, 26b, 226b, 228, 259b, 262b, 265b, 370b
Dom, Como, 56b
Dom, Mailand, 62b
Dom, Orvieto, 20b, 42
Dom, Parma, 100b
Dom, Reggio Emilia, 94b
Donizetti, Gaetano, 41
Dorgali, Sardinien, 437b

E
Ebene von Castelluccio, 422b
Ebene von Catania, Sizilien, 403
Ebene von Sele, Kampanien, 403
Ebene von Volturno, Kampanien, 403
Elymer, 484b
Emilia-Romagna, 167
Engelsburg, Rom, 127b
Este, Familie, 419b

F
Fellini, Federico, 22, 122b
Felsen von Capri, 166
Felsen von Torre dell'Orso, 221b
Fermi, Enrico, 20
Ferrara, 99b, 419b
Filicudi, Insel, 203b
Fiora Hügel, Toskana, 400b
Florenz, 12b, 25, 107b, 110b, 357
Foggia, Provinz, 428b
Fontana dell'Aquila (Adlerbrunnen), Trient,71b
Forlì, 419b
Forum Romanum, 444, 458b
Frejus Tunnel, 229
Friaul-Julisch-Venetien, 373b
Frosinone, Provinz, 324b

G
Gadera, Fluss, 259b
Galleria Umberto I, Neapel, 138b
Gallipoli, 150b
Gardasee, 292b, 356, 367b, 369b
Gargano, Vorgebirge von, 167, 221b, 338b
Genua, 88b, 91b, 164
Gian Galeazzo Visconti, 61b
Gigli, Benjamin, 41
Giordano, Felice, 225
Golf von Asinara, Sardinien, 185b, 348b
Golf von Gaeta, Latium, 166
Golf von La Spezia, Ligurien, 166
Golf von Neapel, 166, 270b
Golf von Ravello, Kampanien, 191b
Golf von Sorrent, 330b
Golf von Squillace, Kalabrien, 166
Golf von Tarent, Apulien, 166
Golf von Tigullien, Ligurien, 164b
Golf von Triest, Friaul-Julisch-Venetien, 373b
Gonzaga, 66b
Grajische Alpen, 12b, 226, 235b, 237b
Gran Paradiso, 226, 243b, 250b
Gran Sasso, 226, 269b, 270b
Grand Jorasses, Aostatal, 12b
Griechisches Theater, Segesta, 484b
Griechisches Theater, Syrakus, 442, 489b
Griechisches Theater, Taormina, 42, 154b, 442, 446b, 495b
Grödnertal, Trentino, Südtirol 262b
Gubbio, Umbrien, 427b

H
Hadrian, Kaiser, 127b, 453b
Hadriansvilla, 453b
Haus der Julia, Verona, 72b
Haus der Mysterien, Pompeji, 478b
Haus des Goldenen Armreifs, Pompeji, 442b
Haus von Lucretius Frontius, Pompeji, 478b
Haus von Neptun und Amphitrite, Herculaneum, 470b
Heiliger Franz von Assisi, 118b
Heirat von Bacchus and Ariadne, Pompeji, 478b
Heraklestempel, Tal der Tempel, 489b
Heratempel, Paestum, 444
Herculaneum, Kampanien, 270b, 445, 470b

I
Il Postino, Film, 205b
Imperia, Provinz, 302b
Ionisches Meer, 150b, 166, 446b
Ischia Ponte, Celsa, Ischia, 194b
Ischia, Insel, 166, 327b
Iseosee, 357
Isola Bella, Lago Maggiore, 360b
Isola dei Pescatori (Fischerinsel), Lago Maggiore, 360b
Isola del Garda (Gardainsel), Gardasee, 369b
Isonzo, Fluss, 373b
Italienisches Songfestival, San Remo, 86b

J
Junno, Viertel, Monte

Sant'Angelo, 344b
Jupitertempel, Pompeji, 472b

K
Kalabrien, 166, 388b
Kampanien, 166, 230, 403
Kapitol, Ostia Antica, 464b
Kapitol, Rom, 125b, 445, 456b
Kathedrale Santa Maria Assunta, Siena, 112b
Kathedrale Santa Maria del Fiore, Florenz, 107b
Kathedrale Santa Maria di Castello, Cagliari, 160b
Kathedrale, Bitonto, 341b
Kathedrale, Modena, 94b
Kathedrale, Palermo, 159b
Kathedrale, Pisa, 12b
Kirche der Heiligen Jungfrau des Aostatals, Cervinia, 289b
Kirche San Francesco di Paola, Neapel, 136b
Kirche San Spiridione, Triest, 85b
Kirche St. Nicholas, Bari, 146b
Kloster Mater Ecclesia, San Giulio, 291b, 352b
Kolosseum, Rom, 440b, 444
Königgräber des Hauses Savoyen, Turin, 46b

L
La Dolce Vita, Film, 122b
La Maddalena, Inselgruppe, 181b
La Morra, Piemont, 407b
La Scala, Mailand, 41
La Spezia, 166
Laghi di Fusine, 373b
Lago del Cedrino, 392b
Lago di Barrea, 388b
Lago Maggiore, 356, 360b
Lago Verde, 257b
Laigueglia, Ligurien, 307b
Lampedusa, Insel, 12b, 162b, 167, 209b
Landrosee, 370b
Langhe, Piemont, 402, 407b
Langkofel, 262b
Lanterna, Genua, 91b
Latera, Latium, 324b
Latium, 166, 323b, 330
Lavarella, Hütte, 257b
Le Balze, Volterra, 421b
Lecce, 148b, 150b
Leonardo da Vinci, 20, 38
Ligurien, 26, 174, 284, 307b
Ligurisches Meer, 304b
Linosa, Insel, 206b, 209b, 351b
Lipari, Insel, 200b
Lollobrigida, Gina, 22
Lombardei, 356, 369b
Loren, Sofia, 22
Lucca, 103b
Lungo Lario Trento, Como, 56b

M
Magna Grecia, 442
Magnani, Anna, 22
Mailand, 24, 40, 41, 42b, 62b
Malcesine, Venetien, 292b
Manarola, Liguria, 172b, 284
Mangano, Silvana, 400, 407b
Mantua, 41, 66b
Marc-Aurel-Säule, Rom, 125b
Marconi, Guglielmo, 20
Maremma, Toskana, 402
Mario, E.G., 356
Marken, 266b, 422b
Markusdom, Venedig, 78b
Markusplatz, Venedig, 78b
Mascagni, Pietro, 41
Massafra, Apulien, 342b
Matera, 42, 143b
Matterhorn, 226, 241b, 289b
Maupassant, Guy de, 284
Meldola, Emilia Romagna, 419b
Menaggio, Comer See, 365b
Mergellina, Neapel, 136b, 196b
Metallifere Hügel, Toskana, 400b
Meucci, Antonio, 20
Michelangelo, 110b
Mittelmeer, 22–24, 181b
Modena, 94b
Mole Antonellana, Turin, 44b
Monferrato, Piemont, 398b, 400
Mont Blanc, 224b, 226, 232b, 235b, 237b, 238b
Monte Rosa, 226, 243b, 247b
Monte Sant'Angelo, Apulien, 344b
Montecorvino, Apulien, 428b
Montepulciano, Toskana, 315b
Monterosso, Ligurien, 284
Monti Dauni, 428b
Monument für Victor Emanuel II, Rom, 128b
Monviso, 250b
Morano Calabro, Calabren, 428b
Museum für Geschichte, Trieste, 82b
Museum für Kunst und Einrichtung, Turin, 46b

N
Nardò, Apulien, 435b
Nationalbibliothek Braidense, Mailand, 40
Nationalmuseum für Archäologie, Neapel, 446
Nationalmuseum Rom, 446
Nationalmuseum von Reggio Calabria, 446
Nationalpark Abruzzen, Latium und Molise, 229, 330b, 388b
Nationalpark Cinque Terre, 168b
Nationalpark Sibillinische Berge, 266b, 286b, 422b
Nationalpark Sila, 388b
Naviglio Grande, Mailand, 66b
Neapel, 25, 41, 136b, 138b, 141b, 166, 196b, 270b, 446
Nekropole von Banditaccia, Cerveteri, 444, 450b
Neptunbrunnen, Trient, 71b
Norcia, Umbrien, 427b
Novara, 52b
Nuoro, 437b
Nuraghe Santu Antine, Torralba, 482b

O
Ofanto, Fluss, 435b
Oliena, Sardinien, 392b

Oltrepò Pavese, 414b
Opi, Abruzzen, 330b, 334b
Ortasee, 26b, 291b, 352b, 360b
Orvieto, 20b, 42, 118b
Ostia Antica, 464b, 467b
Otranto, 152b, 167

P

Padua, 75b
Paestum, Kampanien, 442
Palagruppe, 226b
Palatin, Rom, 445
Palau, Sardinien, 181b
Palazzo Borromeo, Isola Bella, 360b
Palazzo D'Accursio, Bologna, 96b
Palazzo dei Notai, Bologna, 96b
Palazzo del Mercato, Novara, 52b
Palazzo della Galleria Colonna, Rom, 125b
Palazzo Gopcevich, Triest, 85b
Palazzo Pretorio, Trient, 71b
Palazzo Reale, Genua, 88b
Palazzo Reale, Neapel, 25
Palazzo Vecchio, Florenz, 110b
Palermo, 25, 159b, 403
Palmanova, Friaul-Julisch-Venetien, 299b
Pantelleria, Insel, 167
Pavarotti, Luciano, 41
Pavia, 59b, 61b
Pelagischen Inseln, 162b, 351b
Perugia, 114b
Petersdom, Rom, 133b, 134b
Petersplatz, Rom, 131b, 133b
Petruzzelli Theater, Bari, 41, 146b
Piacenza, 91b
Piave, Fluss, 356
Piazza dei Cavalli, Piacenza, 91b
Piazza dei Miracoli, Pisa, 42, 104b
Piazza del Duomo, Bressanone, 297b
Piazza del Duomo, Mailand, 62b
Piazza del Duomo, Parma, 100b
Piazza del Duomo, Pisa, 12b, 42, 104b
Piazza del Duomo, Trient, 71b
Piazza del Plebiscito, Neapel, 136b
Piazza dell'Anfiteatro, Lucca, 103
Piazza della Signoria, Florenz, 110b
Piazza Grande, Modena, 94b
Piazza Grande, Piacenza, 91b
Piazza Maggiore, Bologna, 96b
Piazza Martiri della Libertà, Novara, 52b
Piazza San Carlo, Turin, 44b
Piazza San Michele, Lucca, 103
Piazza Unità d'Italia, Triest, 38
Piazza Venezia, Rom, 128b
Piemont, 291b, 398b, 407b
Pisa, 12b, 42, 104b, 400b, 402
Pitigliano, Toskana, 315b
Piz Boè, 26b
Po di Volano, Naturreservat, 376b
Po-Delta, 376b, 402
Po, Fluss, 250b, 354, 358b, 376b
Poebene, 354, 356
Pompeji, Kampanien, 270b, 442b, 445, 472b, 476b, 478b
Ponte Vecchio, Florenz, 107b
Ponte Vecchio, Pavia, 59b
Pontinische Ebene, Latium, 403
Pontinische Inseln, 166, 188b, 329b
Pontinische Inseln, 166, 188b, 329b
Ponza, Insel, 168b, 188b
Portofino, 26b, 284
Portovenere, Ligurien, 307b
Poseidontempel, Paestum, 444
Posillipo, Neapel, 196b
Pozzuoli, Kampanien, 42, 468b
Pragsertal, Trentino, Südtirol, 254b
Prato della Valle, Padua, 75b
Presanella, 265b
Procida, Insel, 166
Puccini, Giacomo, 41

R

Ragusa, 38b, 437b
Ragusa, Hochland Sizilien, 38b, 437b
Raphael, Maler, 114b
Rätische Alpen, 265b
Ravello, Kampanien, 191b
Ravenna, 167
Reggio Emilia, 94b
Residenz des Prinzen Andrea Doria, Genua, 88b
Rialtobrücke, Venedig, 80b
Riomaggiore, Ligurien, 284, 299b
Riso Amaro, 400, 407b
Riva del Garda, Trentino, Südtirol, 367b
Riviera di Levante, 164
Roero, Piemont, 402
Rom, 12b, 25, 36b, 40, 122b, 125b, 127b, 128b, 131b, 133b, 134b, 386b, 402, 440b, 444, 445, 458b
Römisches Forum, Aquileia, 449b
Römisches Theater, Ostia Antica, 464b, 467b
Rossini, Gioachino, 41

S

Saint Clare, 118b
Salina, Insel, 205b
San Bernardino, Pass, 229
San Carlo, Oper, Neapel, 41
San Domino, Insel, 217b
San Gimignano, Toskana, 313b
San Giulio, Insel, Ortasee, 26b, 291b, 352b, 360b
San Remo, 86b
San Rocco, Ligurien, 164b
Santa Maria della Salute, Venedig, 12b
Santa Maria delle Grazie, Mailand, 38
Santa Teresa di Gallura, Sardinien, 178b
Sardinien, 160b, 167, 178b, 181b, 185b, 348b, 392b, 403, 437b, 482b
Sarkophage der

Ehegatten, 444
Sass Pordoi, 26b
Sassi, Matera, 42, 143b
Scala dei Turchi, Agrigent, 213b
Schiefer Turm, Pisa, 12b, 42
Schloss von Stupinigi, Turin, 46b
Schlucht von San Marco, Massafra, 342b
Segesta, Sizilien, 484b
Selinunt, Sizilien, 492b
Sellagruppe, 26b
Seneser Hügel, 421b
Septimus Severus, 456b
Serapeum, Villa Adriana, 453b
Sestriere, Piemont, 248b
Settefrati, Latium, 324b
Sibillinische Berge, 266b, 286b, 422b
Siena, 11b, 112b, 315b, 421b
Signalkuppe, 247b
Simplon, Pass, 229
Sizilien, 12b, 38b, 167, 230, 274b, 351b, 358, 395b, 442, 484b
Sorano, Toskana, 313b
Sperlonga, Latium, 284, 323b
Spiaggia dei Conigli (Hasenstrand), Lampedusa, 12b
Squillace, Kalabrien, 166
Statue von Cavour, Vercelli, 48b
Statue von Emanuel Filibert, Turin, 44b
Statue von Francesco Burlamacchi, Lucca, 103b
Statue von Marc Aurel, Rom, 125b
Statue von Victor Emanuel II, Mailand, 62b
Stra, Venetien, 26b
Stradivari, 42
Stromboli, Äolische Inseln, 230
Syrakus, 442, 489b

T
Taormina, 42, 154b, 442, 446b, 495b
Tarent, 148b, 166, 342b
Tarvisio, Friaul-Julisch-Venetien, 373b
Tebaldi, Renata, 41
Teodulo, Hütte, 241b
Tiber, Fluss, 127b, 134b, 357, 386b
Ticino, Fluss, 59b
Tirso, Fluss, 392b
Ton, Trentino, Südtirol, 12b
Torralba, Sardinien, 482b
Torrazzo, Cremona, 42
Torre Capitolare, Portovenere, 307b
Torre Civica, Modena, 94b
Torre degli Asinelli, Bologna, 96b
Torre del'Orso, Apulien, 221b
Torre dell'Angelo, Vercelli, 48b
Torre Garisenda, Bologna, 96b
Toskana, 25, 313b, 315b, 324b, 357, 400b, 402, 404b, 421b, 444
Toskanischer Archipel, 177b
Trajan, Kaiser, 456b, 458b
Trajansforum, Rom, 456b
Trajanssäule, Rom, 456b, 458b
Trapani, 395b
Trasimenischer See, 386b
Tremiti-Inseln, 217b
Trentino-Alto Adige, Südtirol, 284, 295b, 297b, 356, 369b
Trevi-Brunnen, Rom, 122b
Trient, 71b, 367b
Triest, 38, 82b, 85b
Triumphbogen Septimus Severus, Rom, 456b
Turin, 44b
Tyrrhenisches Meer, 285, 329b, 402

U
Uffizien, Florenz, 110b
Umbrien, 114b, 118, 282b, 320b, 386, 422b
Universität, Pavia, 59b
Urbino, 114b
Ustica, Insel, 167

V
Val di Fassa, Trentino, Südtirol, 262b
Val Ferret, Aostatal, 238b
Valle dei Templi (Tal der Tempel), Agrigent, 489b
Valle del Camino, Latium, 324b
Valle dell'Ofanto, Apulien, 435b
Vallo di Nera, Umbrien, 282b
Varigotti, Ligurien, 174b
Vatikan, 131b
Venedig, 12b, 25, 77b, 78b, 80b
Venetien, 356, 369b, 402
Ventotene, Insel, 329b
Vercelli, 48b, 407b
Verdi, Giuseppe, 41
Vernazza, Ligurien, 284
Verona, 72b, 367b, 445
Vesuv, Kampanien, 25, 230, 270b, 445, 470b, 472b
Via Condotti, Rom, 40
Via Consolare, Pompeji, 442b
Via dell'Abbondanza, Pompeji, 476b
Via delle Terme, Pompeji, 442b
Via Montenapoleone, Mailand, 40
Vico del Gargano, Apulien, 338b
Vicosee, 382b
Vieste, Apulien, 218b
Viktor Emanuel II, 62b, 128b
Viktor-Emanuel-Gallerie, Mailand, 42b
Villa Carlotta, Comer See, 356
Villa d'Este, Comer See, 356
Villa Monastero, Comer See, 356
Villa Olmo, Como, 52b
Villa Pisani, Stra, 26b
Villa Pliniana, Comer See, 356
Vipiteno, Trentino, Südtirol, 295b
Viterbo, Provinz, 324b
Viterbo, Provinz, 324b, 382b, 422b
Vittoriano, Rom, 128b
Volta, Alessandro, 20
Voltiano, Tempel, Como, 52b
Vulcano, Insel, 199b, 200b

W
Wasserschutzgebiet, Cinque Terre, 168b

Z
Zeffirelli, Franco, 22
Zenobito, Insel, 177b
Zitadelle, Alessandria, 51b

FOTONACHWEIS

S. 1 Giulio Veggi/Archivio White Star
S. 2-3 Giulio Veggi/Archivio White Star
S. 4-5 Marcello Bertinetti/Archivio White Star
S. 6-7 Marcello Bertinetti/Archivio White Star
S. 8-9 Marcello Bertinetti/Archivio White Star
S. 11 Giulio Veggi/Archivio White Star
S. 13 Antonio Attini/Archivio White Star
S. 14-15 De Agostini Picture Library
S. 16-17 Antonio Attini/Archivio White Star
S. 18-19 Antonio Attini/Archivio White Star
S. 21 Giulio Veggi/Archivio White Star
S. 27 Antonio Attini/Archivio White Star
S. 28-29 W. Buss/De Agostini Picture Library
S. 30-31 Antonio Attini/Archivio White Star
S. 32-33 Luciano Ramires/Archivio White Star
S. 34-35 Marcello Bertinetti/Archivio White Star
S. 37 Marcello Bertinetti/Archivio White Star
S. 39 Antonio Attini/Archivio White Star
S. 43 Giulio Veggi/Archivio White Star
S. 44 Giulio Veggi/Archivio White Star
S. 45 Antonio Attini/Archivio White Star
S. 46 Antonio Attini/Archivio White Star
S. 47 Antonio Attini/Archivio White Star
S. 48 Antonio Attini/Archivio White Star
S. 49 Marcello Bertinetti/Archivio White Star
S. 50-51 Marcello Libra/Archivio White Star
S. 52 Giulio Veggi/Archivio White Star
S. 53 Marcello Libra/Archivio White Star
S. 54-55 Giulio Veggi/Archivio White Star
S. 56 Giulio Veggi/Archivio White Star
S. 57 Antonio Attini/Archivio White Star
S. 58-59 Giulio Veggi/Archivio White Star
S. 59 Giulio Veggi/Archivio White Star
S. 60-61 Antonio Attini/Archivio White Star
S. 62 Giulio Veggi/Archivio White Star
S. 62-63 Giulio Veggi/Archivio White Star
S. 64-65 Marcello Bertinetti/Archivio White Star
S. 66-67 Giulio Veggi/Archivio White Star
S. 68-69 Antonio Attini/Archivio White Star
S. 70-71 Marcello Bertinetti/Archivio White Star
S. 71 Marcello Bertinetti/Archivio White Star
S. 72 Antonio Attini/Archivio White Star
S. 72-73 Antonio Attini/Archivio White Star
S. 74-75 W. Buss/De Agostini Picture Library
S. 75 Cesare Gerolimetto/De Agostini Picture Library
S. 76-77 Marcello Bertinetti/Archivio White Star
S. 78 A. Dagli Orti/De Agostini Picture Library
S. 79 E. Lessing/De Agostini Picture Library
S. 80 Marcello Bertinetti/Archivio White Star
S. 81 Marcello Bertinetti/Archivio White Star
S. 82 Giulio Veggi/Archivio White Star
S. 83 Giulio Veggi/Archivio White Star
S. 84-85 Giulio Veggi/Archivio White Star
S. 85 Giulio Veggi/Archivio White Star
S. 86 Anne Conway/Archivio White Star
S. 87 Anne Conway/Archivio White Star
S. 88 Livio Bourbon/Archivio White Star
S. 88-89 G. Cigolini/De Agostini Picture Library
S. 90-91 W. Buss/De Agostini Picture Library
S. 91 Livio Bourbon/Archivio White Star
S. 92-93 Vincenzo Lombardo/Getty Images
S. 94 Antonio Attini/Archivio White Star
S. 94-95 Antonio Attini/Archivio White Star
S. 96 Giulio Veggi/Archivio White Star
S. 96-97 Giulio Veggi/Archivio White Star
S. 98-99 Gimmi/Cubo Images
S. 100-101 Guy Vanderelst/Getty Images
S. 102-103 Antonio Attini/Archivio White Star
S. 103 Giulio Veggi/Archivio White Star
S. 104 Marcello Bertinetti/Archivio White Star
S. 105 Giulio Veggi/Archivio White Star
S. 106-107 Giulio Veggi/Archivio White Star
S. 108-109 W. Buss/De Agostini Picture Library
S. 110 Giulio Veggi/Archivio White Star
S. 111 Antonio Attini/Archivio White Star
S. 112 Giulio Veggi/Archivio White Star
S. 112-113 Giulio Veggi/Archivio White Star
S. 114-115 Antonio Attini/Archivio White Star
S. 116-117 Giulio Veggi/Archivio White Star
S. 118 Antonio Attini/Archivio White Star
S. 119 Giulio Veggi/Archivio White Star
S. 120-121 Giulio Veggi/Archivio White Star
S. 122-123 Marcello Bertinetti/Archivio White Star
S. 124-125 Giulio Veggi/Archivio White Star
S. 125 Massimo Borchi/Archivio White Star
S. 126-127 Giulio Veggi/Archivio White Star
S. 128-129 Marcello Bertinetti/Archivio White Star
S. 130-131 Marcello Bertinetti/Archivio White Star
S. 131 Marcello Bertinetti/Archivio White Star
S. 132-133 Elio Lombardo/Photolibrary Group
S. 133 Marcello Bertinetti/Archivio White Star
S. 134-135 De Agostini Picture Library
S. 136 Anne Conway/Archivio White Star
S. 136-137 Giulio Veggi/Archivio White Star
S. 138 Marcello Bertinetti/Archivio White Star
S. 139 Marcello Bertinetti/Archivio White Star
S. 140-141 Anne Conway/Archivio White Star
S. 141 Giulio Veggi/Archivio White Star
S. 142-143 Anne Conway/Archivio White Star
S. 143 Giulio Veggi/Archivio White Star
S. 144-145 Antonio Attini/Archivio White Star
S. 146 Giulio Veggi/Archivio White Star
S. 147 Giulio Veggi/Archivio White Star
S. 148 Antonio Attini/Archivio White Star
S. 148-149 Alfio Garozzo/Archivio White Star
S. 150 Alfio Garozzo/Archivio White Star
S. 150-151 Alfio Garozzo/Archivio White Star
S. 152-153 Antonio Attini/Archivio White Star
S. 154-155 Antonio Attini/Archivio White Star
S. 156-157 Giulio Veggi/Archivio White Star
S. 158-159 Giulio Veggi/Archivio White Star
S. 159 Giulio Veggi/Archivio White Star
S. 160 Giulio Veggi/Archivio White Star
S. 160-161 Giulio Veggi/Archivio White Star
S. 163 Antonio Attini/Archivio White Star
S. 165 Anne Conway/Archivio White Star
S. 169 Marcello Bertinetti/Archivio White Star
S. 170-171 Giulio Veggi/Archivio White Star
S. 172 Giulio Veggi/Archivio White Star
S. 173 Anne Conway/Archivio White Star
S. 174-175 Anne Conway/Archivio White Star
S. 176-177 Marcello Bertinetti/Archivio White Star
S. 177 Marcello Bertinetti/Archivio White Star
S. 178-179 Giulio Veggi/Archivio White Star
S. 180-181 Marcello Bertinetti/Archivio White Star
S. 181 Marcello Bertinetti/Archivio White Star
S. 182-183 Antonio Attini/Archivio White Star
S. 184-185 Giulio Veggi/Archivio White Star
S. 186-187 Antonio Attini/Archivio White Star

FOTONACHWEIS

S. 188 Giulio Veggi/Archivio White Star
S. 188-189 Giulio Veggi/Archivio White Star
S. 190-191 Marcello Bertinetti/Archivio White Star
S. 191 Anne Conway/Archivio White Star
S. 192-193 Marcello Bertinetti/Archivio White Star
S. 194-195 Marcello Bertinetti/Archivio White Star
S. 196 Giulio Veggi/Archivio White Star
S. 196-197 Giulio Veggi/Archivio White Star
S. 198-199 Giulio Veggi/Archivio White Star
S. 199 Antonio Attini/Archivio White Star
S. 200-201 Giulio Veggi/Archivio White Star
S. 202-203 Antonio Attini/Archivio White Star
S. 203 Antonio Attini/Archivio White Star
S. 204-205 Giulio Veggi/Archivio White Star
S. 206-207 Giulio Veggi/Archivio White Star
S. 208-209 Antonio Attini/Archivio White Star
S. 209 Giulio Veggi/Archivio White Star
S. 210-211 Giulio Veggi/Archivio White Star
S. 212-213 Giulio Veggi/Archivio White Star
S. 214-215 Alfio Garozzo/Archivio White Star
S. 215 Alfio Garozzo/Archivio White Star
S. 216-217 Alfio Garozzo/Archivio White Star
S. 217 Alfio Garozzo/Archivio White Star
S. 218-219 Giulio Veggi/Archivio White Star
S. 220-221 Stefano Stefani/Getty Images
S. 222-223 Alfio Garozzo/Archivio White Star
S. 225 Marcello Bertinetti/Archivio White Star
S. 227 Luciano Ramires/Archivio White Star
S. 231 Giulio Veggi/Archivio White Star
S. 232-233 Marcello Bertinetti/Archivio White Star
S. 234-235 Marcello Bertinetti/Archivio White Star
S. 235 Marcello Bertinetti/Archivio White Star
S. 236-237 Marcello Bertinetti/Archivio White Star
S. 238 Giulio Veggi/Archivio White Star
S. 238-239 Giulio Veggi/Archivio White Star
S. 240 Luciano Ramires/Archivio White Star
S. 242-243 S. Vannini/De Agostini Picture Library
S. 243 De Agostini Picture Library
S. 244-245 Marcello Bertinetti/Archivio White Star
S. 246-247 Giulio Veggi/Archivio White Star
S. 247 Giulio Veggi/Archivio White Star
S. 248-249 Giulio Veggi/Archivio White Star
S. 250 Luciano Ramires/Archivio White Star
S. 251 Giulio Veggi/Archivio White Star
S. 252-253 Marcello Bertinetti/Archivio White Star
S. 254-255 Giulio Veggi/Archivio White Star
S. 256-257 Luciano Ramires/Archivio White Star
S. 258-259 Luciano Ramires/Archivio White Star
S. 259 Luciano Ramires/Archivio White Star
S. 260-261 Marcello Bertinetti/Archivio White Star
S. 262-263 Giulio Veggi/Archivio White Star
S. 264-265 Marcello Bertinetti/Archivio White Star
S. 265 Marcello Bertinetti/Archivio White Star
S. 266-267 Giulio Veggi/Archivio White Star
S. 268-269 Luciano Ramires/Archivio White Star
S. 270-271 Antonio Attini/Archivio White Star
S. 272-273 Anne Conway/Archivio White Star
S. 274-275 Antonio Attini/Archivio White Star
S. 276-277 Giulio Veggi/Archivio White Star
S. 278-279 Giulio Veggi/Archivio White Star
S. 281 Alfio Garozzo/Archivio White Star
S. 283 Giulio Veggi/Archivio White Star
S. 287 Giulio Veggi/Archivio White Star
S. 288-289 Luciano Ramires/Archivio White Star
S. 289 Luciano Ramires/Archivio White Star
S. 290-291 Giulio Veggi/Archivio White Star
S. 291 Giulio Veggi/Archivio White Star
S. 292 Antonio Attini/Archivio White Star
S. 293 Antonio Attini/Archivio White Star
S. 294-295 C. Gerolimetto/De Agostini Picture Library
S. 296-297 Giulio Veggi/Archivio White Star
S. 297 Giulio Veggi/Archivio White Star
S. 298-299 U. Colnago/De Agostini Picture Library
S. 300-301 Anne Conway/Archivio White Star
S. 302 Anne Conway/Archivio White Star
S. 302-303 Anne Conway/Archivio White Star
S. 304 Anne Conway/Archivio White Star
S. 305 Giulio Veggi/Archivio White Star
S. 306-307 Anne Conway/Archivio White Star
S. 307 Anne Conway/Archivio White Star
S. 308-309 Anne Conway/Archivio White Star
S. 310-311 Giulio Veggi/Archivio White Star
S. 312-313 Giulio Veggi/Archivio White Star
S. 314-315 Giulio Veggi/Archivio White Star
S. 315 Giulio Veggi/Archivio White Star
S. 316- 317 Giulio Veggi/Archivio White Star
S. 318-319 G. Sosio/De Agostini Picture Library
S. 320-321 Giulio Veggi/Archivio White Star
S. 322-323 Antonio Attini/Archivio White Star
S. 324 Antonio Attini/Archivio White Star
S. 325 Antonio Attini/Archivio White Star
S. 326-327 Anne Conway/Archivio White Star
S. 327 Roberto Veggi/Archivio White Star
S. 328-329 Marcello Bertinetti/Archivio White Star
S. 330-331 Anne Conway/Archivio White Star
S. 332-333 Giulio Veggi/Archivio White Star
S. 334-335 Giulio Veggi/Archivio White Star
S. 336-337 Luciano Ramires/Archivio White Star
S. 338 Alfio Garozzo/Archivio White Star
S. 339 Alfio Garozzo/Archivio White Star
S. 340-341 Alfio Garozzo/Archivio White Star
S. 341 Alfio Garozzo/Archivio White Star
S. 342 Alfio Garozzo/Archivio White Star
S. 343 Alfio Garozzo/Archivio White Star
S. 344 Giulio Veggi/Archivio White Star
S. 344-345 Giulio Veggi/Archivio White Star
S. 346-347 Giulio Veggi/Archivio White Star
S. 348-349 Giulio Veggi/Archivio White Star
S. 350-351 Giulio Veggi/Archivio White Star
S. 351 Giulio Veggi/Archivio White Star
S. 353 Marcello Bertinetti/Archivio White Star
S. 355 Giulio Veggi/Archivio White Star
S. 359 Antonio Attini/Archivio White Star
S. 360 Marcello Bertinetti/Archivio White Star
S. 360-361 Giulio Veggi/Archivio White Star
S. 362-363 Antonio Attini/Archivio White Star
S. 364-365 Antonio Attini/Archivio White Star
S. 365 Antonio Attini/Archivio White Star
S. 366-367 Antonio Attini/Archivio White Star
S. 367 Giulio Veggi/Archivio White Star
S. 368-369 Antonio Attini/Archivio White Star
S. 370-371 M. Santini/De Agostini Picture Library
S. 372-373 Luciano Ramires/Archivio White Star
S. 373 Luciano Ramires/Archivio White Star
S. 374-375 De Agostini Picture Library
S. 376-377 Antonio Attini/Archivio White Star
S. 378-379 Luciano Ramires/Archivio White Star
S. 380-381 Antonio Attini/Archivio White Star
S. 382 Giulio Veggi/Archivio White Star

S. 382-383 Giulio Veggi/Archivio White Star
S. 384-385 Giulio Veggi/Archivio White Star
S. 386-387 Antonio Attini/Archivio White Star
S. 388-389 Luciano Ramires/Archivio White Star
S. 390-391 Antonio Attini/Archivio White Star
S. 392 Giulio Veggi/Archivio White Star
S. 393 J. Ciganovic/De Agostini Picture Library
S. 394-395 S. Montanari/De Agostini Picture Library
S. 395 F. Tanasi/De Agostini Picture Library
S. 396 Giulio Veggi/Archivio White Star
S. 399 Giulio Veggi/Archivio White Star
S. 401 Alfio Garozzo/Archivio White Star
S. 405 Giulio Veggi/Archivio White Star
S. 406-407 Giulio Veggi/Archivio White Star
S. 408-409 Marcello Bertinetti/Archivio White Star
S. 410-411 Marcello Libra/Archivio White Star
S. 412 Marcello Libra/Archivio White Star
S. 413 Marcello Libra/Archivio White Sta
S. 414 Giulio Veggi/Archivio White Star
S. 414-415 Giulio Veggi/Archivio White Star
S. 416-417 Giulio Veggi/Archivio White Star
S. 418-419 Giulio Veggi/Archivio White Star
S. 419 Giulio Veggi/Archivio White Star
S. 420-421 Giulio Veggi/Archivio White Star
S. 421 Giulio Veggi/Archivio White Star
S. 422 Antonio Attini/Archivio White Star
S. 422-423 Antonio Attini/Archivio White Star
S. 424-425 Giulio Veggi/Archivio White Star
S. 426-427 Giulio Veggi/Archivio White Star
S. 427 Giulio Veggi/Archivio White Star
S. 428-429 S. Vannini/De Agostini Picture Library
S. 430-431 Alfio Garozzo/Archivio White Star
S. 432-433 Alfio Garozzo/Archivio White Star
S. 434-435 Alfio Garozzo/Archivio White Star
S. 435 Alfio Garozzo/Archivio White Star
S. 436-437 Giulio Veggi/Archivio White Star
S. 437 Giulio Veggi/Archivio White Star
S. 438-439 Antonio Attini/Archivio White Star
S. 440 Marcello Bertinetti/Archivio White Star
S. 443 Araldo De Luca/Archivio White Star
S. 447 Antonio Attini/Archivio White Star
S. 448-449 Antonio Attini/Archivio White Star
S. 449 Antonio Attini/Archivio White Star
S. 450 G. Carfagna/De Agostini Picture Library
S. 450-451 S. Vannini/De Agostini Picture Library
S. 452-453 Marcello Bertinetti/Archivio White Star
S. 454-455 Antonio Attini/Archivio White Star
S. 456 Giulio Veggi/Archivio White Star
S. 456-457 Massimo Borchi/Archivio White Star
S. 458 Marcello Bertinetti/Archivio White Star
S. 460-461 Massimo Borchi/Archivio White Star
S. 462-463 Marcello Bertinetti/Archivio White Star
S. 464 Giulio Veggi/Archivio White Star
S. 464-465 Antonio Attini/Archivio White Star
S. 466-467 Antonio Attini/Archivio White Star
S. 468 Giulio Veggi/Archivio White Star
S. 468-469 Anne Conway/Archivio White Star
S. 470 Livio Bourbon/Archivio White Star
S. 471 Livio Bourbon/Archivio White Star
S. 472-473 Antonio Attini/Archivio White Star
S. 474-475 Antonio Attini/Archivio White Star
S. 476 Giulio Veggi/Archivio White Star
S. 476-477 Giulio Veggi/Archivio White Star
S. 478 Araldo De Luca/Archivio White Star
S. 479 Araldo De Luca/Archivio White Star
S. 480-481 Araldo De Luca/Archivio White Star
S. 482-483 Giulio Veggi/Archivio White Star
S. 484 Giulio Veggi/Archivio White Star
S. 484-485 Giulio Veggi/Archivio White Star
S. 486-487 Giulio Veggi/Archivio White Star
S. 488-489 Alfio Garozzo/Archivio White Star
S. 489 Marcello Bertinetti/Archivio White Star
S. 490-491 Marcello Bertinetti/Archivio White Star
S. 492 Livio Bourbon/Archivio White Star
S. 492-493 Giulio Veggi/Archivio White Star
S. 494-495 Giulio Veggi/Archivio White Star
S. 504 Giulio Veggi/Archivio White Star

Titelbild • Von links:
Erste Reihe: Antonio Attini/Archivio White Star, Marcello Bertinetti/Archivio White Star, Antonio Attini/Archivio White Star
Zweite Reihe: Marcello Bertinetti/Archivio White Star, Giulio Veggi/Archivio White Star, Giulio Veggi/Archivio White Star
Dritte Reihe: Marcello Bertinetti/Archivio White Star, Giulio Veggi/Archivio White Star, Marcello Bertinetti/Archivio White Star
Umschlagrückseite • Von links:
Erste Reihe: Marcello Bertinetti/Archivio White Star, Giulio Veggi/Archivio White Star, Marcello Bertinetti/Archivio White Star
Zweite Reihe: Giulio Veggi/Archivio White Star, Alfio Garozzo/Archivio White Star, Marcello Bertinetti/Archivio White Star
Dritte Reihe: Giulio Veggi/Archivio White Star, Antonio Attini/Archivio White Star, Massimo Borchi/Archivio White Star

Gabriele Atripaldi, der eine klassische Ausbildung und einen Abschluss in Jura hat, war schon immer von Sprache so tief beeindruckt, dass er sie zu seinem Lebensinhalt gemach hat. Er spricht fließend Englisch und hat für viele berühmte und internationale Schriftsteller als Dolmetscher gearbeitet. Außerdem hat er eine Reihe von Werken für bedeutende Verlage übersetzt, darunter Biografien, Technische Bücher und Comics, ebenso wie für wichtige Magazine wie *GQ* und *Rolling Stone* (Für Letzteres hat er ein Exklusivinterview mit US-Präsident Obama während dessen Wahlkampfes übersetzt, abgedruckt im *Corriere della Sera*.). Schreiben – von Geschichten bis zu Liedtexten - ist seine Leidenschaft. Wegen seines bemerkenswerten literarischen Stils, der Filmreife hat, wird er auch als „Narragista“ bezeichnet, also als erzählender Herausgeber.

Titelbild • Von links:
Erste Reihe - Mont-Blanc-Massiv; Aostatal; Hügel von Monferrato, Piemont; Ventotene, Latium.
Zweite Reihe - Piazza San Carlo, Turin; Alberobello, Apulien; Piazza dei Miracoli (Platz der Wunder), Pisa, Toscana.
Dritte Reihe - Ätna, Sizilien; Castiglione della Pescaia, Toscana; Trajans Forum, Rom, Latium.

• Im Frühling erstrahlen die Hügel rund um Siena in vielen verschiedenen Farben.

Umschlagrückseite • Von links:
Erste Reihe – Insel San Giulio, Piemont; Trevibrunnen, Rom, Latium; Griechisches Theater, Taormina, Sizilien.
Zweite Reihe – Markusplatz, Venedig, Venetien; Seneser Hügel, Toskana; La-Maddalena-Archipel, Sardinien.
Dritte Reihe – Camogli, Ligurien; Kathedrale von Orvieto, Umbrien; Dolomiten, Alto Adige.